W0211776

Top Manucure

Top Manucure

50 idées pour des ongles tendance

NAIL ART & TEXTES
DONNE & GINNY GEER

PHOTOS
NICOLE HILL GERULAT

STYLISME
MALLORY ULLMAN

ILLUSTRATIONS
DEBBIE POWELL

TRADUCTION
CAROLINE DE HUGO

Hugo Image

SOINS DE BASE

MANUCURE EN FOLIE

TAURUS
LEPUS

Ce livre est dédié à notre mère. Merci de nous avoir donné la vie, de l'amour et des ongles !

Un Mot
DES AUTEURS

En temps que sœurs, notre relation a parfois connu des hauts et des bas. Mais s'il est une chose qui nous unit, quoi qu'il arrive, c'est notre passion pour le *nail art*. Pendant notre adolescence, notre mère a été notre source d'inspiration, même si de temps en temps nous avons pu penser que sa collection de vernis rouges et roses manquait un peu de fantaisie, alors qu'elle écarquillait les yeux devant les couleurs excentriques que nous leur préférions. Ceci dit, elle nous a toujours encouragées, allant même jusqu'à nous prêter son fabuleux vernis à séchage rapide ! Vingt ans plus tard, elle nous encourage toujours, plus uniquement parce que nous sommes ses enfants, mais dans notre travail de directrices de la création de *Hey, Nice Nails (Oh! Les jolis ongles!)*, notre onglerie de Long Beach aux États-Unis.

Vous pouvez nous croire, nous n'avons pas toujours été les artistes que nous sommes aujourd'hui! Nous y sommes parvenues peu à peu, à travers les vapeurs d'acétone et les montagnes de cuticules. Un blog nous a d'abord offert l'occasion de partager nos créations favorites, d'étrenner les nouvelles techniques, de surfer sur la vague apportée par le boom du *nail art*. Puis notre blog s'est transformé en boutique en ligne, avec en parallèle un petit boulot de manucure dans un bar clandestin local (il faut bien commencer quelque part!). Nous sommes peu à peu devenues célèbres dans le milieu toujours plus vaste des dingues des ongles. Un jour enfin, nous avons officialisé notre histoire d'amour avec le *nail art* : nous avons passé notre licence professionnelle, ouvert une boutique et apporté les bienfaits de notre manucure aux masses!

La peinture artistique sur ongles offre l'énorme avantage de transformer une partie de votre corps en accessoire de mode. Chaque création présentée dans ce livre vous permet de transformer vos ongles en dix petits tableaux vivants. Depuis les motifs simples, que vous pouvez réaliser pendant une pose au bureau, jusqu'aux looks les plus ambitieux qui vous demanderont plus de temps, vous trouverez forcément votre bonheur dans ces pages. Nous vous autorisons à vous approprier ces techniques, à expérimenter, à vous tromper, pour pouvoir développer votre propre style, comme nous l'avons fait avant vous.

Top Manucure présente une forme d'art éphémère et un moyen d'expression personnel et ludique qui vous épanouira sans vous ruiner. Le plaisir d'une nouvelle manucure bien faite est un petit luxe que toutes les femmes apprécient, surtout quand quelqu'un les arrête dans la rue avec ces mots : « *Oh! Les jolis ongles!* »

XOXO
Gin & Donne ♡

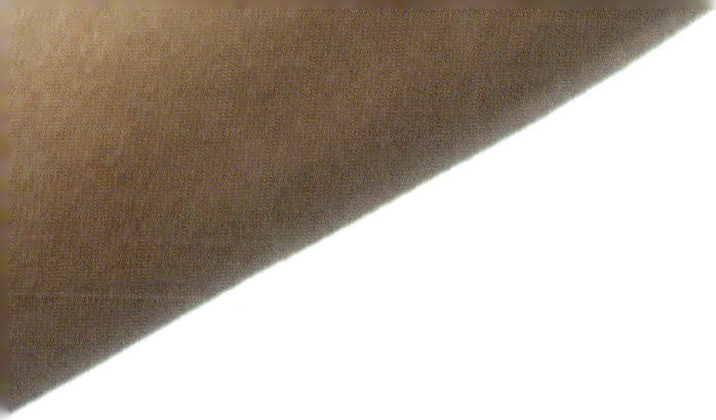

Que vous soyez une néophyte du nail art ou une pro du vernis, nous espérons que ce livre inspirera la plupart de vos futures manucures !

Soins de Base

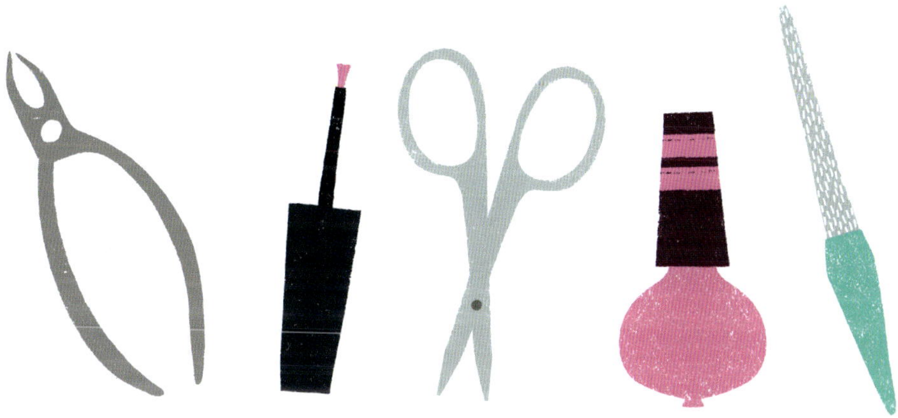

Tout artiste a besoin d'une toile vierge bien propre ! Des ongles impeccables et en bonne santé sont la base d'une manucure réussie.

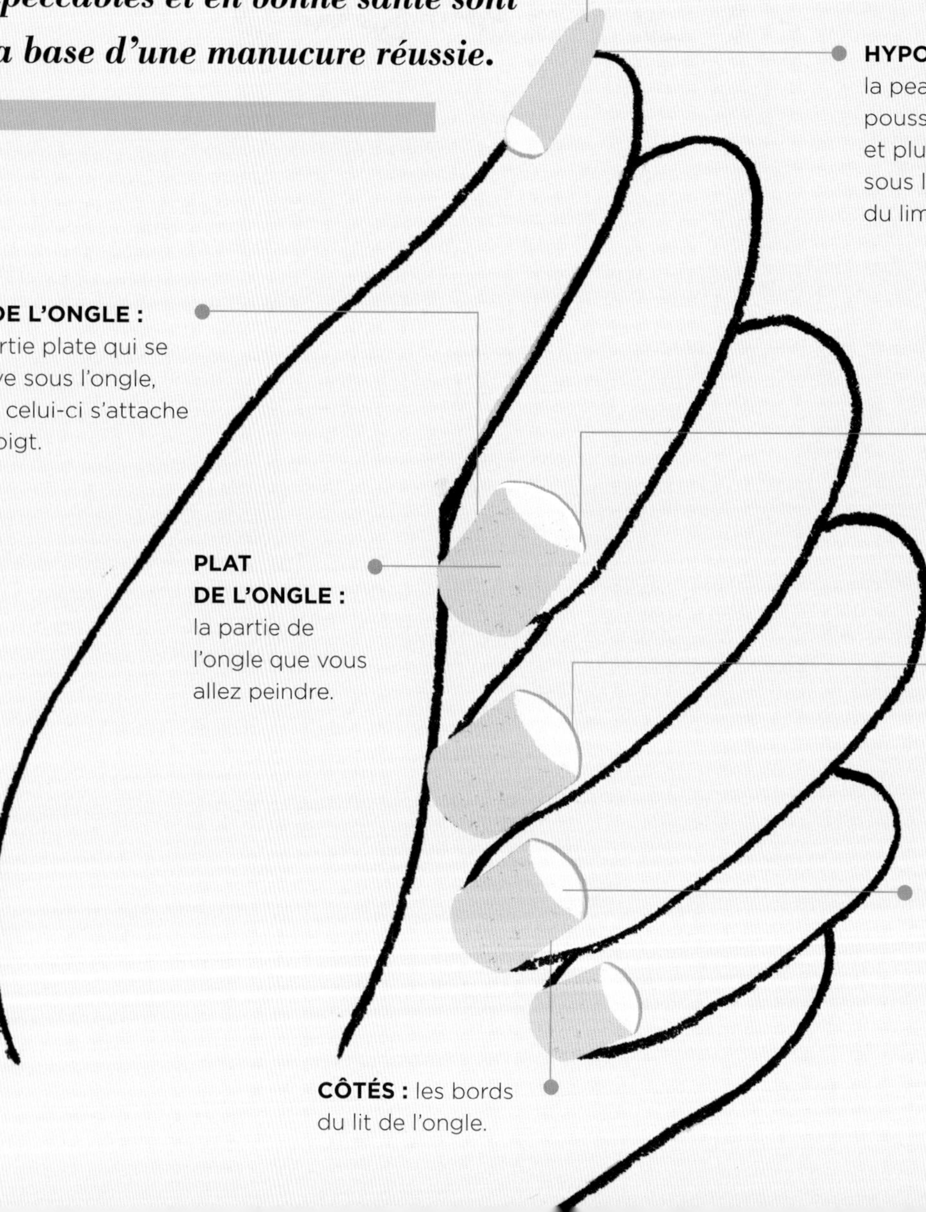

PRÉPAREZ vos Ongles

MATÉRIEL

BOULES DE COTON

DISSOLVANT

SAVON ANTIBACTÉRIEN

BROSSE À ONGLES

POUSSE CUTICULES EN BUIS OU EN PLASTIQUE

EXFOLIANT À CUTICULES

PINCE À CUTICULES

HUILE POUR CUTICULES

CRÈME HYDRATANTE

ACÉTONE

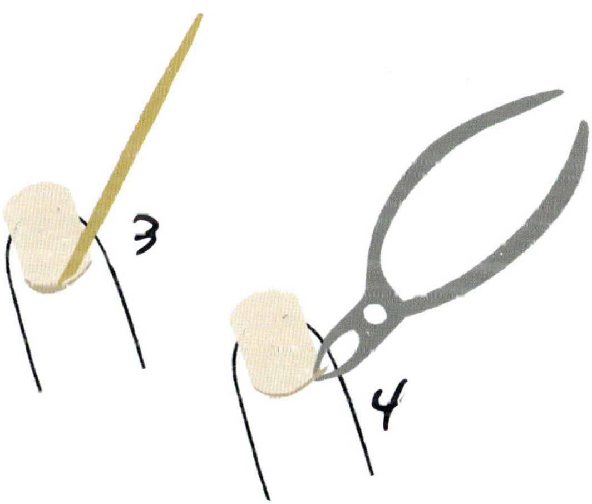

Étape 1 Avant de commencer votre manucure, il faut enlever votre ancien vernis. Mettez un peu de dissolvant sur une boule de coton puis posez-la sur votre ongle. Plutôt que de frotter, pressez simplement le coton jusqu'à ce que le dissolvant imbibe l'ongle. Le vernis va être absorbé tout seul. C'est simple comme bonjour !

Étape 2 Lavez vos mains à l'eau chaude avec un savon doux antibactérien. Utilisez une brosse pour les dessous et les côtes de vos ongles, afin d'enlever toute trace d'huile ou de saleté.

Étape 3 Traitez vos cuticules avec douceur. Utilisez un pousse cuticules en buis ou en plastique pour repousser toutes les peaux qui poussent sur le plat de l'ongle. Si vous avez des cuticules récalcitrantes ou envahissantes, appliquez un exfoliant à cuticules en suivant le mode d'emploi du fabricant.

Étape 4 Si vous avez des petits morceaux de peau en surépaisseur, coupez-les délicatement avec votre pince à cuticules. Prenez bien soin de ne pas tirer sur la peau quand vous la coupez, sans quoi vous pourriez vous blesser. Prendre soin de ses cuticules demande de la minutie !

Étape 5 Lavez de nouveau vos mains à l'eau chaude avec du savon. Appliquez de la crème partout où vous avez poussé ou coupé les cuticules, et massez pour bien hydrater. Passez ensuite sur vos mains votre lotion favorite. Les cuticules trop sèches sont le pire ennemi d'une manucure réussie !

Étape 6 Avant d'appliquer le vernis, nettoyez vos ongles avec un disque de coton imbibé d'acétone. Cela évitera à votre vernis de s'écailler ou de peler, et permettra à votre manucure de durer plus longtemps.

GARNISSEZ VO
HUILE POUR CUTICULES
Nourrit les cuticules après la mise en forme avec un pousse cuticules.
TOP COAT
VERNIS SOUS-COUCHE
LIME À ONGLES ET POLISSOIR
TWEEZERMAN
1. File - Lime
ACÉTONE
Ce puissant produit chimique dissout le vernis. Hydratez après utilisation !
BOULES DE COTON
VERNIS MÉTALLISÉ
NARS
butter LONDON
VERNIS À PAILLETTES
VERNIS SCINTILLANT
COUPE-ONGLES
DISSOLVANT
Il dissout le vernis. Évitez de le respirer !
PINCE COUPANTE
Coupe les petites peaux mortes autour de l'ongle.
EXFOLIANT À CUTICULES
Ce produit chimique dissout les peaux mortes sur la zone des cuticules.
POUSSE CUTICULES EN BUIS OU EN PLASTIQUE
Repousse les fines peaux sur le plat de l'ongle.
BROSSE À ONGLES

RE TROUSSE

PAPIER D'ALUMINIUM
Utilisez ce produit domestique comme palette à vernis.

ÉPONGE À MAQUILLAGE

PINCEAUX
Choisissez un assortiment : certains à brosse courte et large, d'autres à poils longs et biseautés.

OUTILS À POINTS

PINCEAU FIN
Rangez cet outil essentiel dans un flacon de nettoyant pour pinceaux.

RINCE-DOIGTS
Un petit vase ou une minitasse en céramique pour conserver l'acétone.

VERNIS CRÈME

VERNIS GEL

VERNIS MAT

BANDES POUR RAYURES

PINCE À ÉPILER

KIT DE TAMPON

RUBAN ADHÉSIF

PETITS CISEAUX À BOUTS POINTUS

DÉCORATIONS
Strass, paillettes, clous et autres.

Trouvez la forme qui correspond à votre main, à votre manucure, à votre humeur

ROND

Pour un look naturel, sur ongles courts, optez pour la forme ronde. Cette forme éprouvée est facile à entretenir et fait l'unanimité.

OVALE

Un léger fuselage partant des côtés pour allonger le doigt est toujours flatteur. C'est comme si vous mettiez vos ongles sur talons aiguilles !

CARRÉ

Une extrémité nette et des côtés droits offrent un effet saisissant sur des doigts effilés. Pour un carré parfait, positionnez votre lime bien perpendiculaire à votre ongle.

CARRÉ ARRONDI

La combinaison de l'élégance d'un ongle ovale et la longévité d'une forme carrée. Comme la forme ronde, celle-ci convient à tous les types de doigts.

POINTU

Cette forme d'ongle extrêmement effilée allonge immédiatement chaque doigt. Ce n'est peut-être pas un look idéal pour le bureau, mais c'est un moyen sûr de sublimer une manucure d'avant-garde.

Coupez et limez
COMME UNE PRO

MATÉRIEL

PINCE COUPANTE

LIME À ONGLES FINE OU MÉDIUM

POLISSOIR

Étape 1 Avant de choisir une lime à ongles, assurez-vous que vos doigts sont parfaitement secs. Humides, vos ongles pourraient se déchirer ou se casser.

Étape 2 Si vous souhaitez raccourcir vos ongles, coupez-les d'abord doucement avec la pince à ongles. Vous gagnerez du temps.

Étape 3 Choisissez une forme. Si vous n'êtes pas sûre de vous, utilisez la forme de votre cuticule comme guide pour l'extrémité de l'ongle afin de créer une symétrie, ou plongez-vous dans la page de gauche pour faire votre choix !

Étape 4 Pour chaque ongle, donnez un angle de quarante-cinq degrés à votre lime et poussez légèrement la lime de l'extérieur vers le centre de l'ongle en répétant le mouvement toujours dans la même direction. Puis faites la même chose en partant de l'autre extrémité de l'ongle vers le milieu. Ne faites jamais d'aller-retour, vous risqueriez de donner une vilaine forme à votre ongle ou de l'abîmer.

Étape 5 Avec un polissoir, frottez le haut de votre lit d'ongle ainsi que le haut de l'extrémité de l'ongle. Vous allez ainsi faire disparaître toutes les petites imperfections et créer une surface parfaitement lisse et naturellement brillante pour la pose du vernis.

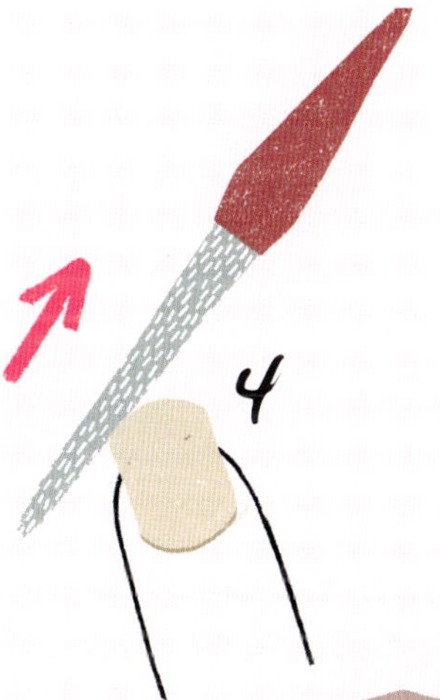

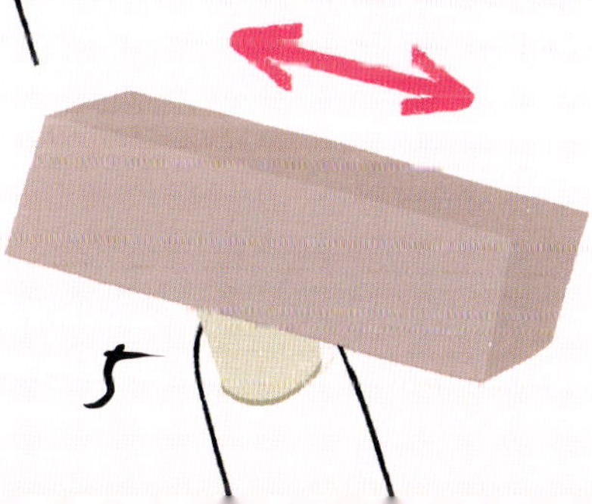

Posez votre Vernis
À LA PERFECTION

MATÉRIEL

VERNIS SOUS-COUCHE INCOLORE

VERNIS DE COULEUR

TOP COAT

RÉCIPIENT

ACÉTONE

PINCEAU BISEAUTÉ

Étape 1 À la fin de ce livre, vous aurez lu ce qui suit un nombre incalculable de fois, mais c'est parce que c'est primordial ! Commencez toujours une manucure (que vous choisissiez un motif sophistiqué ou une simple pose de vernis) en appliquant un vernis sous-couche sur des ongles propres. C'est le b.a.-ba.

Étape 2 Ouvrez votre flacon de sous-couche. Essorez le pinceau sur les bords internes du flacon pour enlever le vernis en excès, qui inonderait vos cuticules et gâcherait tous vos efforts. Évitez de faire couler du vernis sur l'extérieur du flacon.

Étape 3 Il est temps, maintenant, d'utiliser cette sous-couche. Peignez toujours votre main dominante en premier, la suite en sera facilitée. Tenez votre pinceau au-dessus de l'ongle de votre pouce, et laissez une goutte de vernis se former au bout du pinceau. Cela suffira à couvrir tout votre ongle.

Étape 4 En travaillant vite et avec légèreté, faites tomber la goutte de vernis sur le centre de votre ongle. Poussez le vernis du centre vers la cuticule.

Étape 5 Appuyez légèrement sur le pinceau pour écarter ses poils en éventail et tracez une ligne régulière à la base de l'ongle.

Étape 6 Faites pivoter le pinceau vers l'un des côtés de l'ongle puis, en exerçant une petite pression, faites remonter le pinceau vers le haut de l'ongle dans un mouvement régulier.

Étape 7 Repartez de la cuticule en suivant l'autre côté de l'ongle, jusqu'en haut de l'ongle. Si le vernis bave sur votre cuticule ou sur

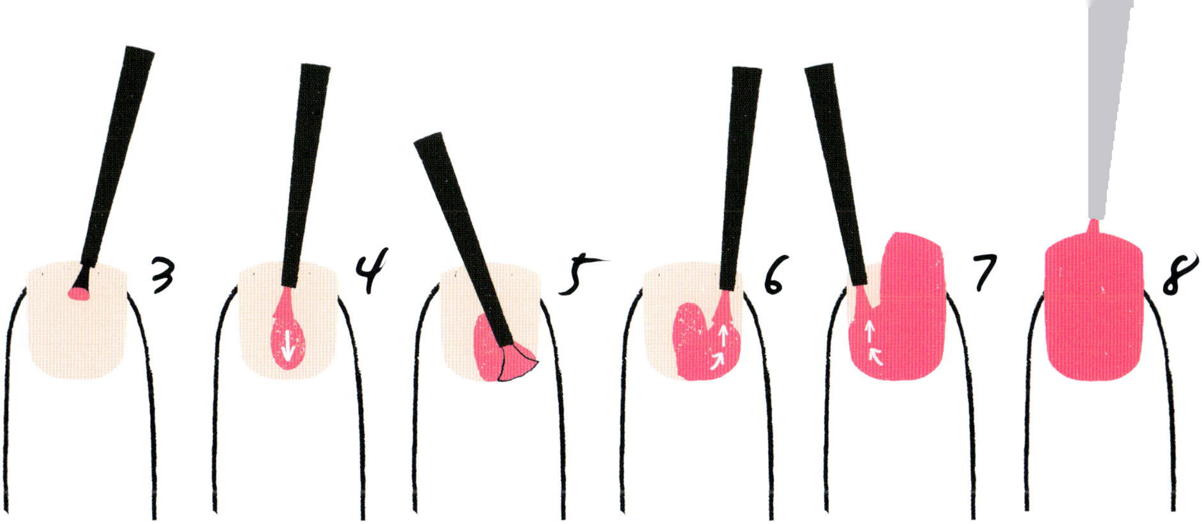

les côtés de l'ongle, arrêtez-vous pour égoutter le pinceau. Vous pouvez également pointer vos doigts vers le sol, afin que le vernis coule vers le bout de vos ongles.

Étape 8 Posez de nouveau le pinceau au centre de l'ongle et exercez une légère pression, puis passez rapidement et légèrement sur toute la surface de l'ongle afin de bien répartir le vernis. Maintenant que votre premier ongle est peint, passez aux autres. Laissez sécher.

Étape 9 Bravo, votre sous-couche incolore est posée ! Continuez en posant maintenant votre vernis coloré de la même façon.

Étape 10 Maintenant que vos ongles sont peints, il est temps de passer la couche de finition incolore. Elle est absolument indispensable ! Elle permet d'unifier la couleur de votre vernis et de gommer les imperfections. Pour conserver plus longtemps votre manucure, reposez une couche de finition tous les deux ou trois jours.

Étape 11 Si vous avez fait des ratés, remplissez un rince-doigts d'acétone, plongez-y le pinceau biseauté et effacez ainsi les petites imperfections.

Étape 12 Massez vos mains avec votre huile à cuticules favorite et examinez votre œuvre. Vous voyez ? Vous avez réussi !

Pour être plus précise dans vos gestes, appuyez le bras qui tient le pinceau contre votre poitrine et appuyez votre main et son petit doigt sur une surface plane.

MAÎTRISEZ *la Couleur et les Motifs*

PENSEZ HARMONIE AVEC VOTRE TEINT

Votre vernis sous-couche est bien sec, prêt à recevoir votre *nail art*. Quelle couleur de base allez-vous choisir ? Tenez compte de la couleur de votre peau, comme vous le feriez pour une robe ou un rouge à lèvres. Les peaux claires aiment les bleus et les violets, qui flattent le teint de leurs nuances froides, alors que les oranges et les rouges sont des couleurs chaudes qui se marient bien avec une complexion plus foncée.

LES BASES DE LA THÉORIE DES COULEURS

Vous désirez réaliser une manucure multicolore ? Repensez à la roue des couleurs que vous avez étudiée au collège, cela vous aidera à choisir des couleurs complémentaires qui vont bien ensemble. Les nuances analogues (qui sont côte à côte sur la roue des couleurs, comme le bleu et le violet) créeront un look harmonieux. Les couleurs complémentaires (qui sont en face l'une de l'autre sur la roue des couleurs, comme le jaune et le violet) créeront un contraste saisissant.

CHOISISSEZ LE BON MOTIF

Sélectionnez un motif qui parle de ce que vous êtes. Les lignes droites bien nettes donnent un air frais et pimpant, alors que les courbes, les fondus et les mélanges offrent une touche plus douce et plus féminine. En général, mieux vaut s'en tenir à l'un ou l'autre des styles pour une manucure donnée et jouer sur les variations d'un ongle à l'autre. Vous éviterez ainsi de vous sentir complètement schizophrène.

VIVE LES MÉLANGES

Savoir mixer les couleurs et les motifs est une science. Un motif délirant peut devenir très cohérent s'il est réalisé avec des formules qui ont fait leurs preuves, comme les couleurs analogues ou complémentaires. Vous pouvez aussi faire l'inverse : utiliser un éventail de couleurs aléatoires en reprenant toujours le même motif pour donner une impression d'unité.

ATTENTION AUX DÉCALAGES

Il ne s'agit pas uniquement de peindre, mais de choisir où peindre et où ne pas peindre. Votre manucure sera plus belle si vous laissez approximativement le même espace nu sur chaque ongle. Par exemple : quitte à peaufiner les changements de direction de vos lignes et de vos formes, pensez à laisser à peu près le même espace vide entre elles. Gardez le contrôle sur le chaos !

FAITES-VOUS LA MAIN

Maintenant, lancez-vous : points, zigzags, volutes, lignes droites et toutes les formes géométriques. Tant que vous vous amusez, vous ne pouvez pas vous tromper.

Avant de poser votre vernis, accordez-vous un moment pour choisir vos couleurs et vos motifs, cela amplifiera l'impact de votre manucure.

Créez votre Collection PERSONNELLE

MATÉRIEL

FAUX ONGLES EN ACRYLIQUE
LIME À ONGLES ET POLISSOIR
BÂTONNET EN BUIS
ADHÉSIF DOUBLE FACE
VERNIS SOUS-COUCHE INCOLORE
VERNIS
TOP COAT
COLLE À ONGLES

Pour peindre des motifs compliqués, ou créer une manucure réutilisable, entraînez-vous sur un ensemble d'ongles en acrylique. Trichez, mesdames, jusqu'à la parfaite maîtrise!

Étape 1 Tout est une question de taille! Choisissez des faux ongles qui ont à peu près la même taille et la même forme que ceux de vos auriculaires, puis prenez-en de la taille de chacun de vos ongles, jusqu'au pouce. Si vous êtes entre deux tailles, limez les ongles jusqu'à ce qu'ils vous aillent parfaitement.

Étape 2 À l'aide de la lime et du polissoir, donnez la forme que vous souhaitez à vos faux ongles. Poncez bien les petites irrégularités et les angles vifs.

Étape 3 Fixez votre faux ongle sur le bâtonnet de buis ou sur un crayon à l'aide de l'adhésif double face. Cela vous permettra de le décorer sans qu'il bouge. Et réjouissez-vous! Vous allez pouvoir peindre avec votre main dominante!

Étape 4 Peignez chaque ongle en plastique comme vous l'auriez fait sur vos propres ongles en commençant par une sous-couche incolore, puis une couche de la couleur que vous avez choisie. Laissez sécher et ajoutez tous les embellissements que vous pouvez imaginer, que se soient des décorations ou des motifs délicats. Passez une couche de top coat à séchage rapide une fois que vous avez terminé.

Étape 5 Posez vos faux ongles l'un après l'autre. Commencez par l'ongle de l'auriculaire de votre main dominante. Déposez une goute de colle à la base de l'ongle en ayant soin d'éviter la cuticule. Positionnez soigneusement le faux ongle sur le plat de votre ongle et appuyez. Maintenez la pression pendant 30 secondes.

Étape 6 Répétez la même opération pour chaque doigt. Les voici joliment décorés en trompe-l'œil.

Foliè Manucure

Faites du ruban adhésif votre arme secrète pour réussir un mélange saisissant de triangles faciles à réaliser.

JOUEZ AVEC du Ruban Adhésif

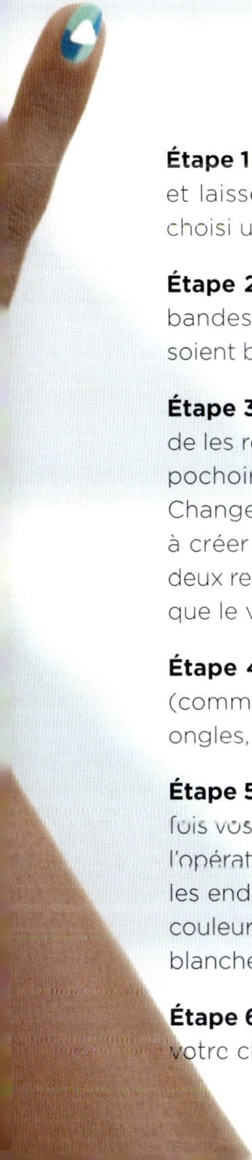

Étape 1 Commencez par le b.a.-ba. Appliquez une sous-couche et laissez sécher. Appliquez la couleur de base, nous avons choisi un vert d'eau.

Étape 2 Une fois vos ongles secs, découpez plusieurs petites bandes d'adhésif à l'aide de vos ciseaux, pour que les bords soient bien nets. N'importe quel adhésif de bureau fera l'affaire.

Étape 3 Appliquez les bandes sur la paume de votre main afin de les rendre moins collantes, puis positionnez-les comme des pochoirs sur les endroits que vous souhaitez garder en vert. Changez la forme pour chacun de vos ongles. Amusez-vous à créer différentes tailles de triangles, ou pourquoi pas un ou deux rectangles. Astuce : pressez fortement sur les bandes pour que le vernis ne s'infiltre pas en dessous.

Étape 4 Choisissez une couleur contrastant avec la première (comme un bleu pervenche). Passez-en une couche sur vos ongles, adhésifs inclus.

Étape 5 Retirez immédiatement l'adhésif, avec délicatesse. Une fois vos ongles secs (ne trichez pas), vous pouvez recommencer l'opération ruban adhésif, si vous en avez la patience. Recouvrez les endroits où vous voulez voir apparaître les deux premières couleurs, puis peignez votre ongle avec la troisième, des taches blanches par exemple.

Étape 6 Enlevez l'adhésif et, une fois vos ongles secs, protégez votre chef d'œuvre électrique avec une couche de finition.

MATÉRIEL

VERNIS SOUS-COUCHE

VERNIS VERT D'EAU, BLEU PERVENCHE ET BLANC

RUBAN ADHÉSIF

CISEAUX

TOP COAT TRANSPARENT

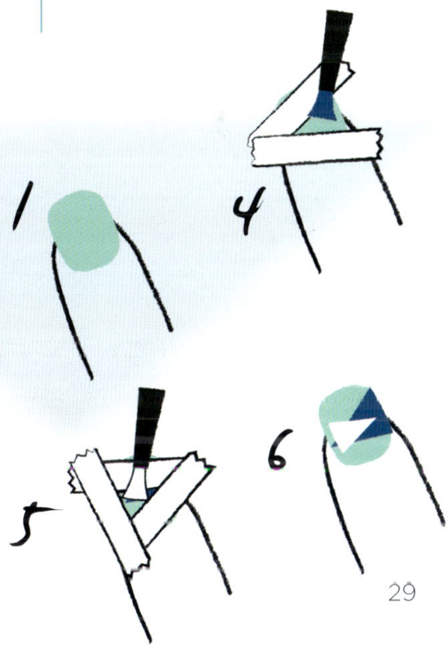

RÉALISEZ un Dégradé

Étape 1 Appliquez une sous-couche sur vos ongles et laissez sécher. Appliquez ensuite la couleur que vous voulez voir apparaître du côté de votre cuticule, le turquoise par exemple.

Étape 2 Versez une goutte de cette couleur sur votre feuille d'aluminium puis, juste à côté, une autre goutte de la couleur contrastante que vous avez choisie (le mauve). À l'aide d'un cure-dent, mélangez délicatement les deux couleurs, là où elles se touchent uniquement.

Étape 3 Appuyez fermement le côté plat de votre éponge à maquillage sur la feuille pour mieux mélanger les deux couleurs et absorber ce mélange. L'éponge fera office de tampon pour transférer la couleur de la feuille à votre ongle.

Étape 4 Quand vos ongles sont secs, tamponnez l'éponge sur votre premier ongle, avec du turquoise côté cuticule et du mauve côté bout de l'ongle. Peignez à l'éponge tous vos ongles, en rajoutant du vernis sur la feuille d'aluminium quand c'est nécessaire afin que le vernis soit toujours humide.

Étape 5 Si le dégradé de couleur n'est pas assez net, recommencez avec votre éponge ! Plusieurs couches peuvent être nécessaires pour obtenir un effet visuel aussi fort que vous le souhaitez.

Étape 6 Quand votre vernis est sec, passez l'indispensable couche de top coat brillant.

MATÉRIEL

- VERNIS SOUS-COUCHE
- VERNIS TURQUOISE ET MAUVE
- PAPIER D'ALUMINIUM
- CURE-DENT
- ÉPONGE À MAQUILLAGE
- PINCEAU BISEAUTÉ
- RINCE-DOIGTS
- ACÉTONE
- TOP COAT TRANSPARENT

Jouez avec des tons contrastés pour créer des dégradés étonnants.

Comme un bas ancien qui file, une zébrure subtile coupe l'ongle en deux.

TRACEZ une Ligne trés Couture

MATÉRIEL

VERNIS SOUS-COUCHE

VERNIS NUDE ET NOIR

PINCEAU FIN

TOP COAT TRANSPARENT

Étape 1 Le b.a.-ba (appliquez la sous-couche). Quand elle est sèche, posez une couche de coloris nude et laissez sécher. Astuce: coordonnez votre vernis à la couleur de votre peau pour plus de classe et de subtilité. Vous donnerez ainsi l'impression d'avoir des doigts beaucoup plus longs.

Étape 2 Trempez le pinceau fin dans la bouteille de vernis noir et égouttez l'excès de vernis sur le bord du flacon. Attention, plus vous aurez de vernis sur le pinceau, plus votre trait sera épais.

Étape 3 Placez la pointe du pinceau sur la cuticule de votre premier ongle. Avec une pression douce et régulière, faites glisser le pinceau le long de votre ongle, jusqu'en haut. Faites de même pour les autres ongles.

Étape 4 Quand vos lignes sont sèches, appliquez une couche de top coat. Voilà un style discrètement saisissant, à admirer de près!

SUIVEZ la Ligne Claire

Étape 1 Commencez sur une sous-couche bien sèche. Choisissez la couleur la plus pâle parmi celles que vous avez sélectionnées (comme le rose pâle ou le jaune) et appliquez-en une couche sur tous vos ongles. Laissez sécher.

Étape 2 Plongez le pinceau fin dans une autre couleur. Égouttez-le pour enlever le surplus de vernis, cela vous permettra un meilleur contrôle sur la largeur de vos bandes.

Étape 3 Débutez votre premier zigzag en plaçant le pinceau au centre de votre ongle. En appuyant doucement, faites remonter le pinceau jusqu'en haut de votre ongle.

Étape 4 Pour terminer votre zigzag, replacez le pinceau au milieu de votre ongle et tracez une ligne horizontale jusqu'au côté de celui-ci. Utilisez cette couleur pour réaliser un zigzag sur chacun de vos ongles.

Étape 5 Quand vos premiers zigzags sont secs, rincez le pinceau à l'acétone et ajoutez une deuxième ligne zigzagante à côté de la première, en ayant soin de maintenir la même pression sur le pinceau. Jouez les contrastes : ce mélange de rose pâle, jaune et bleu pâle fait vraiment chanter les noirs, bleus foncés, rouges et violets.

Étape 6 Recommencez jusqu'à ce que vos ongles soient complètement rayés et secs et finalisez avec une couche de top coat.

MATÉRIEL

VERNIS SOUS-COUCHE

VERNIS ROSE PÂLE, ROUGE, NOIR, BLEU FONCÉ, BLEU CLAIR, JAUNE ET VIOLET

PINCEAU FIN

ACÉTONE

TOP COAT TRANSPARENT

Zigzaguez avec votre pinceau fin et votre palette personnelle de couleurs vives et dynamiques.

Véritable vitamine C pour vos ongles, cette manucure acidulée et ensoleillée chassera votre blues. À votre planche de surf !

RÊVEZ de Plage au COUCHER DU SOLEIL

MATÉRIEL

VERNIS SOUS-COUCHE

VERNIS JAUNE, ORANGE, ROSE, VIOLET ET NOIR

FEUILLE D'ALUMINIUM

CURE-DENT

ÉPONGE À MAQUILLAGE

PETIT PINCEAU À BOUT ROND

PINCEAU BISEAUTÉ

ACÉTONE

RINCE-DOIGTS

TOP COAT TRANSPARENT

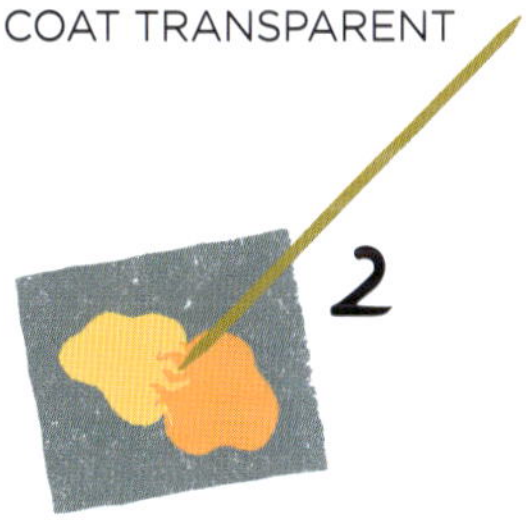

Étape 1 Comme d'habitude, commencez par le b.a.-ba (appliquez la sous-couche) et laissez sécher. Passez une couche de vernis jaune, ce sera le fond de votre coucher de soleil.

Étape 2 Quand votre couche de jaune est sèche, laissez tomber une goutte de vernis jaune sur la feuille d'aluminium et une goutte d'orange juste à côté. À la jonction des deux gouttes, mélangez les deux couleurs avec un cure-dent.

Étape 3 Tamponnez le dégradé de couleurs avec votre éponge, puis appliquez-la sur vos ongles.

Étape 4 Quand vos ongles sont secs, répétez l'opération avec les vernis rose et violet. Appliquez ce mélange rose-violet sur vos ongles jusqu'à leur extrémité libre, en chevauchant l'orange situé au centre de l'ongle. Laissez bien sécher vos couchers de soleil, puis gommez toute trace de vernis ayant débordé à l'aide d'un pinceau fin trempé dans l'acétone.

Étape 5 Déposez du vernis noir sur la feuille d'aluminium et plongez-y le petit pinceau rond. Passez le pinceau sur les extrémités de vos ongles afin de dessiner une plage, puis dessinez les troncs de palmiers qui se balancent ou se croisent. Vous pouvez également varier leur nombre selon les ongles.

Étape 6 Dessinez ensuite de petites lignes d'un trait rapide et léger pour former les palmes. Enfin, à l'aide du pinceau fin, parachevez votre panorama en dessinant une petite mouette dans le ciel, comme sur le majeur sur la photo de la page de gauche. Laissez sécher vos ongles, passez une couche de top coat et ouvrez vos mains !

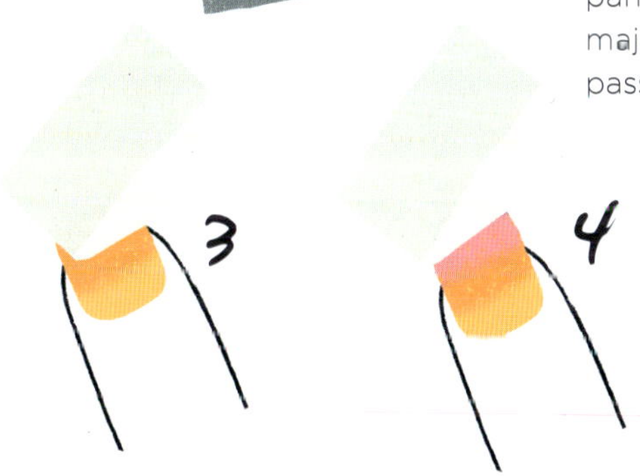

IMPRIMEZ un Motif au Tampon

MATÉRIEL

VERNIS SOUS-COUCHE

VERNIS JAUNE, VERT ANIS, ORANGE ET ROSE

KIT DE TAMPON POUR ONGLES (TIMBRES DE MOTIFS EN RELIEF, GRATTOIR ET TAMPON EN CAOUTCHOUC)

ACÉTONE

SERVIETTES EN PAPIER

TISSU EN NON TISSÉ

TOP COAT TRANSPARENT

Étape 1 Commencez par une manucure classique : une sous-couche et une couche de jaune une fois la sous-couche bien sèche. Prenez ensuite votre kit qui comprend un tampon en caoutchouc, un grattoir et des plaques de motifs en relief. Préparez votre matériel en nettoyant l'un des timbres de motifs avec de l'acétone et le morceau de tissu en non tissé.

Étape 2 Une fois vos ongles secs, étalez plusieurs serviettes en papier sous votre timbre de motifs. Étalez du vernis contrastant (comme le vert anis) sur le timbre.

Étape 3 Pour ôter l'excédent de vernis prenez votre grattoir et placez-le à quarante-cinq degrés. Grattez fermement le vernis sur le timbre de motifs.

Étape 4 Imprimez le dessin sur le tampon, en le faisant pivoter lentement sur le timbre.

Étape 5 Imprimez le motif sur chaque ongle avec la même technique de pivotement. Répétez autant de motifs que votre ongle peut en contenir, en ayant bien soin de rincer le tampon et de laisser vos ongles sécher entre chaque couleur.

Étape 6 Peaufinez votre manucure avec une couche de top coat.

2

3

4

5

Vos mains tremblent ? Les tampons à vernis restent stables et offrent un look inoubliable.

SURPRENEZ

avec un Look Clouté

Étape 1 Commencez par une sous-couche. Une fois qu'elle est sèche, déposez une couche de ce vernis rose magenta.

Étape 2 Posez les clous sur une surface plane et disposez-les selon un modèle différent pour chaque ongle, en variant les tailles. Vous pouvez former des lignes verticales ou horizontales, faire un motif *all-over* ou encore souligner la forme de votre cuticule ou de l'extrémité libre du limbe.

Étape 3 Une fois vos ongles secs, déposez un peu de top coat transparent sur la feuille d'aluminium. À l'aide de l'outil à points, déposez une goutte de vernis sur votre ongle à l'endroit où vous voulez placer un clou.

Étape 4 Répétez l'opération sur tous vos ongles, jusqu'à la réalisation de tous les motifs que vous avez imaginés. Une fois vos ongles secs, passez délicatement une couche de top coat, sans oublier les clous. Vous voilà parée d'un look très cool!

MATÉRIEL

VERNIS SOUS-COUCHE

VERNIS ROSE MAGENTA

CLOUS DÉCORATIFS DE TAILLES VARIÉES

TOP COAT TRANSPARENT

FEUILLE DE PAPIER D'ALUMINIUM

OUTIL À POINTS

Éblouissez avec des ongles qui s'offrent un motif ravissant et « bling-bling ».

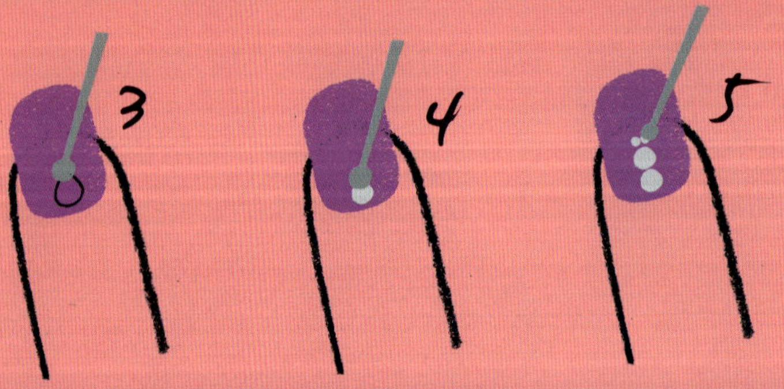

RONRONNEZ

en Impressions Léopard

MATÉRIEL

- VERNIS SOUS-COUCHE
- VERNIS ROUGE CERISE, BLANC ET NOIR
- FEUILLE DE PAPIER D'ALUMINIUM
- ACÉTONE
- PETIT PINCEAU ROND
- TOP COAT TRANSPARENT

Des ongles rugissants pour une balade féline jusqu'au bout de la nuit.

Étape 1 Commencez par une sous-couche. Une fois qu'elle est sèche, passez une couche de vernis rouge cerise sur la moitié de chacun de vos ongles.

Étape 2 Déposez une goutte de vernis rouge cerise sur une feuille d'aluminium et prenez-en un peu avec le petit pinceau rond.

Étape 3 Faites des petits points rouges sur la partie transparente de votre ongle, ce sont les centres des futures tâches léopard. Répétez la même chose sur tous les ongles.

Étape 4 Quand vos ongles sont secs, rincez le pinceau à l'acétone puis déposez du vernis noir sur la feuille d'aluminium. Plongez le pinceau dans ce vernis, puis passez-le délicatement autour d'un point rouge, comme pour le cerner. Soulevez-le à peine pour permettre au vernis de couler autour du périmètre du point rouge. Continuer à cercler les points avec de temps en temps quelques demi-cercles imparfaits.

Étape 5 Répétez sur chaque ongle, laissez sécher puis appliquez votre top coat transparent favori pour parfaire ce look moitié glamour, moitié rockeuse. Grrr !

Faites le point avec cette manucure inspirée de l'œuvre du célèbre peintre Yayoi Kusama.

ÉCLATEZ-VOUS avec des Petits Points

Étape 1 Le b.a.-ba (appliquez une sous-couche). Laissez sécher et recouvrez chaque ongle d'une des trois couleurs de vernis. Ici, nous avons choisi le blanc pour les pouces et les annulaires, le rouge pour les index et les auriculaires et le noir pour les majeurs. À vous de laisser parler votre créativité pour choisir vos couleurs et intervertir la couleur de base et celle des points. Laissez bien sécher vos ongles.

Étape 2 Versez un peu de vernis blanc sur la feuille d'aluminium, plongez-y le plus grand des outils à points. Posez délicatement l'outil sur vos ongles rouges et noirs, en exerçant une légère pression, et réalisez des suites de points alignés.

Étape 3 Avec un outil plus petit, et le même vernis, réalisez des lignes de points de part et d'autre de la première.

Étape 4 Répétez le processus, en changeant de taille d'outil, jusqu'à ce que vos ongles soient couverts de points bien alignés. Vous pouvez varier les contrastes, essayez le noir sur le blanc (comme nous l'avons fait sur les annulaires), le rouge sur le blanc (comme les pouces), etc.

Étape 5 Laissez bien sécher les points, passez une couche de top coat incolore et préparez-vous à semer de la fantaisie autour de vous !

MATÉRIEL

VERNIS SOUS-COUCHE

VERNIS BLANC, ROUGE ET NOIR

FEUILLE DE PAPIER D'ALUMINIUM

OUTILS À POINTS DE TROIS TAILLES DIFFÉRENTES

TOP COAT TRANSPARENT

NAVIGUEZ ENTRE les Nœuds de Marin

MATÉRIEL

VERNIS SOUS-COUCHE

VERNIS BLEU, NOIR ET JAUNE

FEUILLE DE PAPIER D'ALUMINIUM

PETIT PINCEAU À BOUT ROND

22 CLOUS EN ARGENT

OUTIL À POINTS

TOP COAT TRANSPARENT

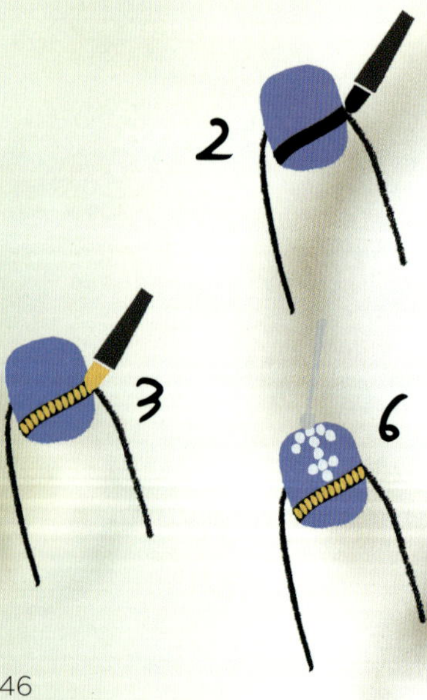

Étape 1 Commencez par vernir vos ongles avec un gel bleu bien couvrant, après (évidemment) une sous-couche bien sèche. Laisser sécher.

Étape 2 Versez du vernis noir sur une feuille d'aluminium. Avec le petit pinceau rond, tracez une ligne noire sur chaque ongle en lui donnant des formes différentes, comme celles d'une corde, (pensez à faire une boucle sur l'un, à prévoir la place pour les clous sur un autre et comment chacun de vos ongles est relié à l'autre quand vos doigts sont tendus).

Étape 3 Rincez le pinceau, puis versez un peu de vernis jaune sur votre palette. Peignez de petites lignes diagonales à l'intérieur de chaque ligne noire en laissant un petit espace entre chaque ligne jaune. Laissez sécher.

Étape 4 Passez une fine couche de top coat. Astuce : le top coat camouflera les petites imperfections de votre couleur de base. Ne faites donc pas l'impasse sur cette étape !

Étape 5 Si vous voulez ajouter une ancre sur vos majeurs, disposez d'abord vos clous, sur une surface plane. Vous pourrez ensuite les placer aisément sur votre ongle.

Étape 6 Passez une seconde couche de top coat sur votre majeur. Plongez votre outil à points dans le vernis, prenez un clou et placez-le sur votre ongle. Répétez l'opération avec 10 autres clous, en appuyant bien sur l'ongle. Faites de même sur l'autre majeur.

Étape 7 Terminez par une dernière couche de top coat et larguez les amarres !

Découvrez de nouveaux horizons grâce à ce motif nautique et ses fringantes finitions en 3D.

SOYEZ *Chic* en petits *Smokings*

Étape 1 Passez une couche de vernis bleu pailleté sur une sous-couche bien sèche.

Étape 2 Une fois vos ongles secs, versez un peu de vernis blanc sur la feuille d'aluminium. À l'aide du pinceau fin, tracez un V profond sur la moitié haute de votre majeur. Puis remplissez le V de vernis blanc, pour rendre un effet smoking.

Étape 3 Utilisez le pinceau fin et le vernis blanc pour dessiner la forme du col, à l'extérieur de la chemise.

Étape 4 Quand votre ongle est sec, versez une goutte de vernis noir sur la feuille d'aluminium. Prenez-en un peu avec l'outil à points et faites 3 ou 4 petits points pour les boutons.

Étape 5 Versez un peu de vernis rouge sur la feuille d'aluminium. À l'aide du petit pinceau à bout rond, faites deux triangles au milieu du V blanc de la chemise de smoking.

Étape 6 Faites la même chose sur l'autre majeur (et sur tous les autres ongles que vous voulez habiller). Laissez ensuite les smokings sécher et peaufinez votre manucure avec une couche de top coat transparent.

MATÉRIEL

- VERNIS SOUS-COUCHE
- VERNIS BLEU À PAILLETTES, BLANC, NOIR ET ROUGE
- FEUILLE DE PAPIER D'ALUMINIUM
- PINCEAU FIN
- OUTIL À POINTS
- PETIT PINCEAU À BOUT ROND
- TOP COAT TRANSPARENT

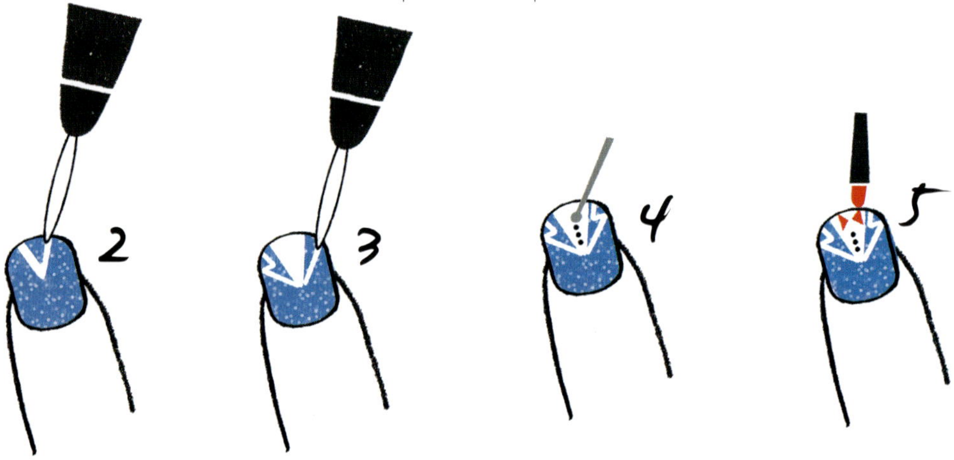

Pas besoin de rendez-vous pour vous faire belle pour sortir.

Ce look d'accro aux jeux vidéo vous fera accéder directement à la partie bonus.

RÉVEILLEZ *la Geek qui Sommeille* EN VOUS

Étape 1 Passez votre sous-couche, laissez-la sécher puis peignez vos ongles en vert ou en rouge. Laissez-les sécher. Nous aimons beaucoup l'idée de ne peindre en rouge que l'annulaire, pour apporter un contraste original.

Étape 2 Prenez le vernis blanc et utilisez le pinceau du flacon pour former un demi-cercle sur les extrémités de vos ongles. Pour bien réussir, placez le pinceau au milieu de l'ongle et faites-le pivoter vers l'un des côtés. Reprenez un peu de vernis et faites la même chose en pivotant de l'autre côté.

Étape 3 Quand vos ongles sont secs, prenez du vernis noir avec le pinceau fin et tracez une ligne pour souligner la partie blanche de chaque ongle.

Étape 4 Versez du vernis blanc sur la palette en aluminium. Avec l'outil à points le plus grand, faites des petits points sur la partie verte de votre ongle.

Étape 5 Formez ensuite les yeux à l'aide du pinceau fin. Dessinez deux lignes courtes au centre de chaque croissant blanc.

Étape 6 Quand les lignes sont bien sèches, placez un point blanc près de l'extrémité de chaque ligne noire à l'aide de l'outil à points le plus petit.

Étage 7 Une fois vos ongles parfaitement secs, passez une couche de top coat transparent. Relancez le jeu et saisissez-vous des manettes avec confiance !

MATÉRIEL

VERNIS SOUS-COUCHE

VERNIS VERT, ROUGE, BLANC ET NOIR

PINCEAU FIN

FEUILLE DE PAPIER D'ALUMINIUM

OUTILS À POINTS DE DEUX TAILLES DIFFÉRENTES

TOP COAT TRANSPARENT

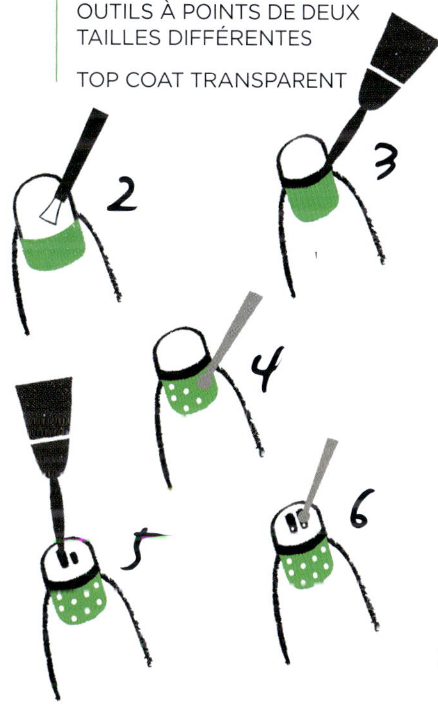

BRISEZ LES CŒURS AVEC *une Manucure* À LA POINTE

MATÉRIEL

VERNIS SOUS-COUCHE

VERNIS ROUGE PROFOND ET BLANC

AIGUILLE

TOP COAT TRANSPARENT

Étape 1 Commencez par une sous-couche, puis une manucure classique en rouge sexy. Attendez que vos ongles soient tout à fait secs.

Étape 2 Passez une seconde couche de rouge sur votre premier ongle. Déposez immédiatement dessus des gouttes de vernis blanc, aux endroits que vous avez choisis pour les cœurs. Ne cherchez pas à les faire de taille égale, ce style de manucure doit rester décontracté.

Étape 3 Alors que votre ongle est encore humide, placez doucement la pointe de votre aiguille au centre de la goutte blanche, et faites-la glisser pour former le motif désiré. Prenez soin de ne pas enfoncer trop l'aiguille, elle ne doit pas traverser la première couche de vernis.

Étape 4 Recommencez cette opération jusqu'à ce que tous vos ongles soient couverts de ravissants petits cœurs, orientés différemment selon la façon dont vous tirez votre aiguille.

Étape 5 Laissez bien sécher et passez une couche de top coat transparent.

2

3

Souvenez-vous du ravissant nuage en forme de cœur que le serveur a versé dans votre café. C'est la même chose, mais pour vos ongles !

Quand la french manucure flirte avec une moustache typiquement française.

FAITES-VOUS POUSSER de Jolies Moustaches

MATÉRIEL

- VERNIS SOUS-COUCHE
- PANSEMENT ADHÉSIF
- VERNIS NOIR ET BLANC
- FEUILLE DE PAPIER D'ALUMINIUM
- OUTILS À POINTS DE DEUX TAILLES DIFFÉRENTES
- PETIT PINCEAU À BOUT ROND
- TOP COAT TRANSPARENT

Étape 1 Commencez par une sous-couche. Quand vos ongles sont secs, enlevez la protection arrière du pansement adhésif et recouvrez-en votre ongle en laissant la partie blanche du haut à nu. Passez une couche de vernis blanc sur la partie de l'ongle exposée, puis enlevez le pansement. Recommencez cette opération sur tous vos ongles. Et voilà ! Vous avez d'ores et déjà une french manucure.

Étape 2 Pour réaliser les moustaches, versez une grosse goutte de vernis noir sur la feuille de papier d'aluminium. Quand vos ongles sont secs, utilisez l'outil à points le plus gros, prenez un peu de vernis noir et faites deux points qui se touchent presque à la jonction des vernis transparent et blanc.

Étape 3 Prenez ensuite le petit outil à points et faites deux points aux deux extrémités de la jonction transparent/blanc. Ces deux petits points formeront les bouts de la moustache.

Étape 4 Trempez le petit pinceau à bout rond dans le vernis noir, puis reliez les petits points aux plus gros par deux courbes symétriques.

Étape 5 Quand vos ongles sont secs, fixer l'ensemble avec une couche de top coat. Les moustaches n'ont jamais été aussi fabuleusement féminines !

REVISITEZ UN STYLE RÉTRO AVEC des Croissants de Lune

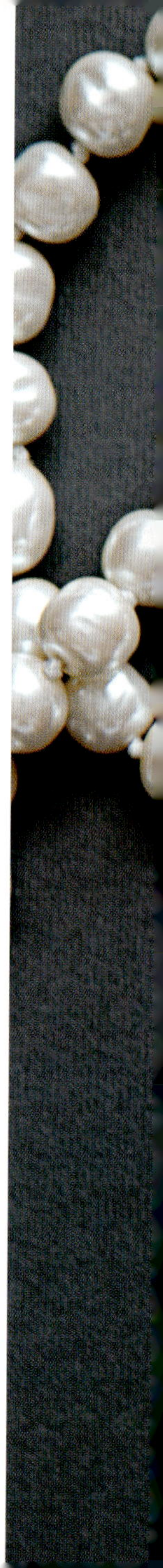

Étape 1 Sur votre sous-couche bien sèche, passez deux couches de la couleur de vernis que vous avez choisie sur la lune, cette petite zone en demi-cercle située au-dessus des cuticules que l'on appelle également lunule. Nous avons opté pour du blanc. Laissez bien sécher.

Étape 2 Recouvrez le demi-cercle situé à la base de votre ongle avec un œillet adhésif, en le faisant dépasser sur la peau de votre doigt. Vous pouvez également couper l'œillet en deux et en coller les deux moitiés l'une sur l'autre pour une meilleure protection.

Étape 3 Passez soigneusement la deuxième couleur (pour nous, c'est le noir) en partant de l'œillet jusqu'à l'extrémité de votre ongle. Laissez bien sécher

Étape 4 Enlevez doucement chaque œillet pour laisser apparaître les demi-lunes blanches cachées dessous.

Étape 5 Ce look est inspiré du style art-déco. Accentuez le encore en passant délicatement à l'arrière des extrémités de vos ongles une couche de vernis d'une couleur surprenante, comme le citron vert par exemple.

Étape 6 Terminez par une couche de top coat transparent.

MATÉRIEL

VERNIS SOUS-COUCHE

VERNIS BLANC, NOIR ET COULEUR CITRON VERT

ŒILLETS ADHÉSIFS

TOP COAT TRANSPARENT

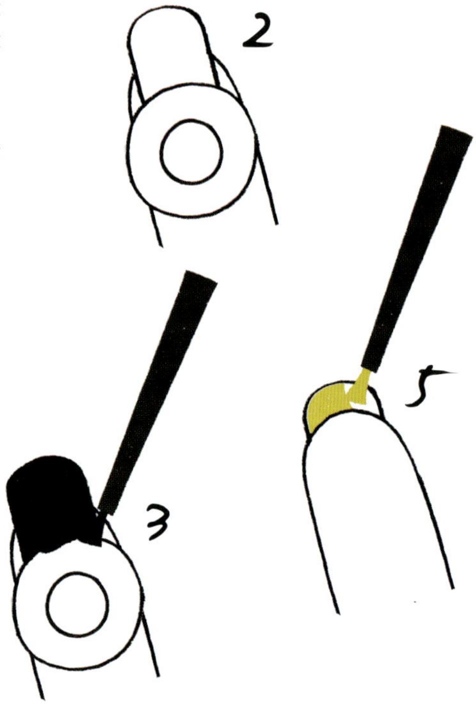

Copiez Bette Davis, en modernisant son look avec des couleurs contrastées et la surprise d'un éclair coloré sous vos ongles.

ILLUMINEZ LA NUIT

de Mille Feux

MATÉRIEL

VERNIS SOUS-COUCHE

VERNIS MÉTALLISÉ ARGENTÉ

TOP COAT TRANSPARENT

FEUILLE DE PAPIER D'ALUMINIUM

OUTIL À POINTS

GROSSES PAILLETTES HEXAGONALES

Étape 1 N'oubliez pas le b.a.-ba (l'application d'une sous-couche) et laissez sécher. Poursuivez par une manucure classique avec votre vernis argenté.

Étape 2 Laissez sécher vos ongles, puis déposez une grosse goutte de vernis de base sur la feuille d'aluminium. Avec votre outil à points, déposez un gros point de vernis de base sur votre premier ongle.

Étape 3 Toujours à l'aide de l'outil à points, attrapez une paillette et appliquez-la sur le point de vernis.

Étape 4 Continuez à recouvrir votre ongle de paillettes. Pour obtenir un bel effet, alignez les paillettes les unes avec les autres et découpez-en certaines en deux pour boucher les petits trous à la jonction de votre ongle et de la cuticule ou des bords. Notre expérience nous a appris qu'on ne porte jamais assez de paillettes dans la vie !

Étape 5 Répétez l'opération sur tous vos ongles jusqu'à ce qu'ils ressemblent à des boules à facettes. Terminez avec une couche de top coat. Il ne vous reste plus qu'à aller danser !

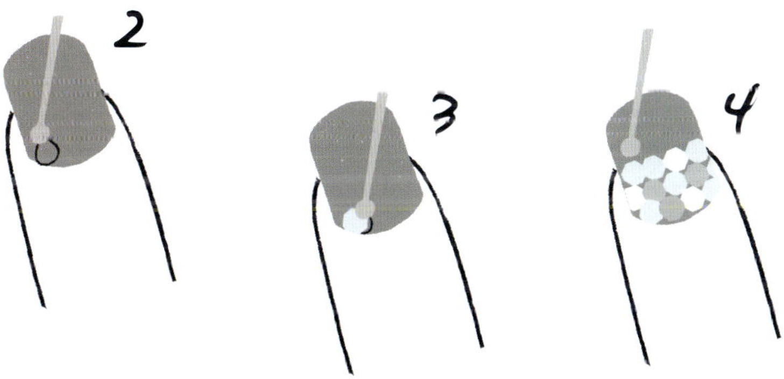

Cette réalisation prend du temps, mais le résultat est brillamment pétillant. Que la lumière soit !

Portez une cascade tropicale rose et violette au bout de vos doigts.

RECOUVREZ VOS ONGLES

de Magie Marbrée

Étape 1 Commencez par une sous-couche, laissez sécher et passez une couche de vernis rose pâle pour obtenir un effet marbré bien marqué. L'astuce (que nous avons emprunté à des peintres de la vieille école), c'est de créer des marbrures en mélangeant des couleurs sur une surface d'eau, puis de poser votre toile, en l'occurrence ici votre ongle, sur la surface de l'eau afin d'en prélever le dessin.

Étape 2 Cette technique peut être un peu salissante. Pour protéger la peau de vos doigts, collez de l'adhésif autour de vos ongles.

Étape 3 Remplissez votre verre d'eau aux deux tiers, puis faites tomber délicatement une grosse goutte de vernis mauve dans l'eau. Faites de même avec les autres couleurs : blanc puis violet. Vous obtenez ainsi des cercles concentriques de vernis à la surface de l'eau.

Étape 4 Plongez un cure-dent au travers des cercles de vernis, en partant de l'extérieur et en le ramenant vers le centre du verre. Continuez ce mouvement en alternant des huit, des angles aigus, des petites et des grandes courbes, jusqu'à ce que l'aspect du motif vous convienne.

Étape 5 Plongez délicatement votre ongle dans le verre, jusqu'à ce que l'eau le recouvre. Point indispensable : gardez bien votre ongle à l'horizontale quand il entre en contact avec l'eau. Ne l'enfoncez pas à la verticale.

Étape 6 En maintenant votre ongle plongé dans l'eau, utilisez le cure-dent pour en détacher doucement l'excédent de vernis sans abîmer la partie qui se trouve directement à son contact.

Étape 7 Sortez votre doigt de l'eau et laissez-le sécher avant d'enlever l'adhésif. Répétez le même processus pour chacun de vos ongles. Enlevez l'adhésif, puis nettoyez les éventuelles bavures avec un pinceau effilé plongé dans l'acétone.

Étape 8 Protégez vos volutes marbrées avec une couche de top coat transparent.

MATÉRIEL

- VERNIS SOUS-COUCHE
- VERNIS ROSE PÂLE, MAUVE, BLANC ET VIOLET
- ADHÉSIF
- PETIT VERRE OU TASSE
- BOUTEILLE D'EAU À LA TEMPÉRATURE AMBIANTE
- CURE-DENT
- RINCE-DOIGTS
- ACÉTONE
- PINCEAU BISEAUTÉ
- TOP COAT TRANSPARENT

Ce look super chic convient aussi bien au bureau qu'en week-end.

Soulignez d'un Trait

POUR FAIRE PLUS D'EFFET

MATÉRIEL

VERNIS SOUS-COUCHE

PETIT PINCEAU À BOUT ROND

VERNIS NOIR
ET VIOLET

PINCEAU BISEAUTÉ

RINCE-DOIGTS

ACÉTONE

TOP COAT
TRANSPARENT

Étape 1 Appliquez une sous-couche sur vos ongles. Laissez sécher.

Étape 2 Trempez le petit pinceau à bout rond dans le flacon de vernis noir et dessinez une ligne fine tout autour de votre ongle. Rassurez-vous, elle n'a pas besoin d'être parfaite puisqu'elle sera partiellement recouverte de vernis violet.

Étape 3 Laissez bien séchez les lignes noires. Rincez le pinceau à l'acétone, puis plongez-le dans le vernis violet. Tracez une ligne violette à l'intérieur de la ligne noire en partant de votre cuticule. Vous pouvez tout à fait recouvrir partiellement la première ligne si vous le désirez.

Étape 4 Remplissez le centre de vos ongles de vernis violet. Appliquez une deuxième couche si vous voulez obtenir une couleur plus dense.

Étape 5 Pendant que vos ongles sèchent, trempez le pinceau biseauté dans l'acétone et nettoyez toutes les bavures éventuelles sur vos cuticules et sur votre peau (ce look nécessite une ligne bien nette). Terminez par une couche de top coat, vous serez à la pointe de la mode pour un bon moment !

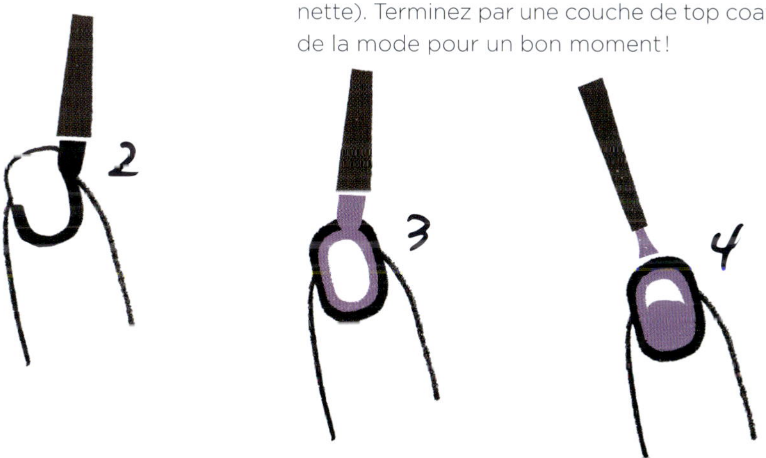

OUVREZ GRAND DES MINI-GUEULES

de Monstres

MATÉRIEL

- VERNIS SOUS-COUCHE
- VERNIS ROSE VIF, NOIR ET BLANC
- FEUILLE DE PAPIER D'ALUMINIUM
- PETIT PINCEAU À BOUT ROND
- PINCEAU FIN
- TOP COAT TRANSPARENT

Étape 1 Laquez vos doigts en rose vif après avoir laissé sécher votre sous-couche (obligatoire !). Laissez sécher la couche de vernis rose.

Étape 2 Utilisez le pinceau de votre flacon de vernis noir pour peindre une ligne incurvée à un quart du bas de votre ongle, puis une seconde, symétrique, à un quart du haut de son extrémité, comme si vous peigniez un œil noir au milieu de votre ongle. Remplissez l'espace entre ces deux lignes de vernis noir et laissez sécher.

Étape 3 Versez un peu de vernis blanc sur la feuille d'aluminium. Avec le petit pinceau à bout rond, tracez quatre petites canines à la jonction du vernis rose et du vernis noir. Remplissez-les de vernis blanc.

Étape 4 Ajoutez quelques petites dents entre vos canines. Laissez sécher.

Étape 5 Plongez le pinceau effilé dans le flacon de vernis rose, et tracez une ligne bien nette qui chevauche la jonction entre le vernis noir et le vernis rose. Recouvrez la base des dents blanches pour obtenir un résultat parfait.

Étape 6 Laissez sécher. Passez une couche de finition. Vous êtes fin prête à montrer les dents !

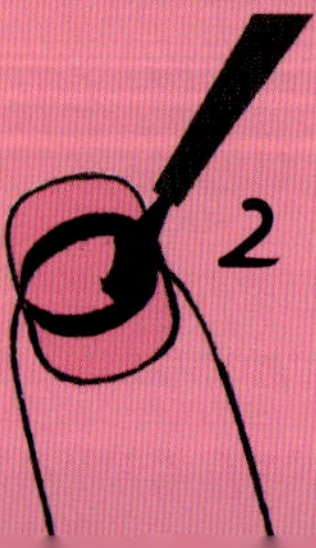

Cette manucure joue les féroces. Montrez à tous que vous pouvez mordre !

EXHIBEZ VOS DOIGTS-FLEURS

la Harajûku

Étape 1 Commencez par passer une sous-couche, laissez sécher puis passez une couche de vernis rose pastel. Laissez sécher.

Étape 2 Déposez une goutte de vernis rose foncé, une de blanc et une de couleur « peau bronzée » sur une feuille d'aluminium. Prélevez un peu de ces couleurs avec une éponge à maquillage et appliquez-les sur votre ongle. Laissez sécher. Ajoutez quelques gouttes de vernis pailleté sur votre feuille d'aluminium et déposez-en également un peu sur votre ongle avec votre éponge.

Étape 3 Étalez vos décorations sur une surface plane et positionnez les pour créer un motif (vous pouvez imaginer un bouquet, des lignes, des grappes ou n'importe quoi d'autre). Croyez-nous, cela vous facilitera beaucoup la tâche de choisir votre motif avant de vous lancer.

Étape 4 Lorsque votre vernis est sec et votre motif terminé, passez une couche de vernis transparent sur votre ongle. Posez légèrement un outil à points sur le vernis frais, puis prenez une décoration et posez-la sur l'ongle en exerçant une légère pression. Faites de même pour les autres décorations.

Étape 5 Répétez l'opération sur tous vos ongles, en variant les motifs. Vous pouvez également vernir certaines décorations en rose pâle pour obtenir un effet monochrome (nous avons peint le nœud papillon de notre majeur pour un total look rose). Laissez sécher.

Étape 6 Solidifiez l'ensemble en passant une couche de top coat.

MATÉRIEL

- VERNIS SOUS-COUCHE
- PETIT PINCEAU À BOUT ROND
- VERNIS ROSE PASTEL, ROSE PLUS SOUTENU, BLANC ET COULEUR « PEAU BRONZÉE »
- FEUILLE DE PAPIER D'ALUMINIUM
- VERNIS PAILLETÉ
- ÉPONGE À MAQUILLAGE
- DÉCORATIONS D'ONGLES
- TOP COAT TRANSPARENT
- OUTIL À POINTS

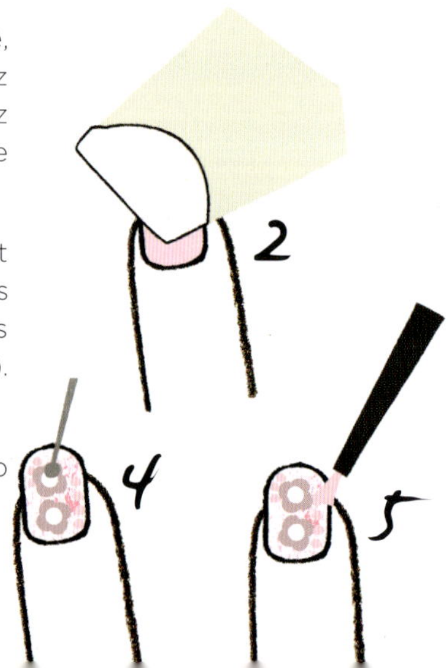

Faites les craquer tout en douceur ! Ce look fleuri vient tout droit du **street style** ***japonais.***

Comble de l'humour noir, les têtes de mort mexicaines en sucre vont devenir votre péché mignon.

ARBOREZ *des crânes en sucre* POUR LE « JOUR DES MORTS »

MATÉRIEL

VERNIS SOUS-COUCHE

VERNIS BLANC ET NOIR

TOP COAT TRANSPARENT

FEUILLE DE PAPIER D'ALUMINIUM

OUTILS À POINTS DE DEUX TAILLES DIFFÉRENTES

PINCEAU FIN

20 FLEURS FIMO

Étape 1 Commencez par le b.a.-ba (appliquez votre sous-couche et laissez-la sécher). Passez ensuite une couche de vernis blanc opaque. L'idée est de jouer avec la surface en forme de crâne de votre ongle pour imiter ces papiers découpés délicieusement morbides, une tradition du « Jour des Morts » à Mexico. Laissez sécher vos ongles, puis passez une couche de top coat et laissez-la sécher.

Étape 2 Versez une goutte de vernis noir sur votre palette en aluminium. Prenez le plus grand des outils à points et imprimez une ligne de points au centre de votre ongle. Ces cercles formeront ce petit sourire sinistre tellement caractéristique du crâne. Faites un deuxième rang de points noirs juste sous le premier rang. Laissez sécher.

Étape 3 Mettez un peu de vernis blanc sur votre palette d'aluminium. Avec le plus petit des outils à points, imprimez des points blancs à l'intérieur des points noirs.

Étape 4 Une fois que les dents sont parfaitement sèches, plongez le pinceau fin dans le flacon de vernis noir et tracez une ligne étroite au centre de la bouche de chacun des crânes. Laissez sécher.

Étape 5 Quel est le détail en 3D de ce look qui tue ? Les fleurs en pâte Fimo que vous trouverez dans toutes les boutiques de maquillage ou dans les ongleries. Pour les appliquez, mettez d'abord une couche de vernis transparent sur votre ongle. Posez une première fleur pour figurer un œil et exercez une pression soutenue dessus. Posez une deuxième fleur pour figurer le deuxième œil. Répétez l'opération sur chaque ongle.

Étape 6 Passez avec soin une deuxième couche de vernis transparent pour préserver vos crânes des outrages du temps, laissez sécher et allumez une bougie en l'honneur de votre manucure... Mortelle !

TENEZ LE HAUT DU PAVÉ

«Haute Couture» en

MATÉRIEL

FAUX ONGLES EN ACRYLIQUE
RUBAN ADHÉSIF
CISEAUX
VERNIS SOUS-COUCHE
VERNIS NOIR
TOP COAT TRANSPARENT
TOP COAT MAT
FINE CHAÎNE DORÉE
COLLE À ONGLES
PINCE À ÉPILER

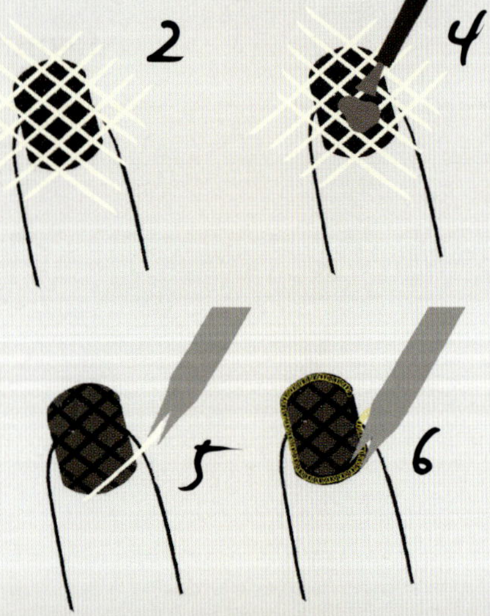

Étape 1 Découpez une centaine de très fines bandes d'adhésif un peu plus longues que votre ongle. Vernissez vos ongles en noir brillant, après avoir laissé sécher la sous-couche que vous avez appliquée. Une fois qu'ils sont secs, passez une couche de top coat transparent et laissez sécher.

Étape 2 Posez un quadrillage de bandes en diagonale sur vos ongles, pour figurer une surpiqûre en croisillons. Appuyez fortement pour bien les faire tenir.

Étape 3 Passez une fine couche de vernis noir pour recouvrir l'adhésif. Laissez sécher, puis passez une deuxième couche. Astuce : plus vous mettez de couches, plus vos ongles auront l'air matelassés.

Étape 4 Appliquez une fine couche de top coat transparent. Laissez sécher et appliquez une couche de top coat mat.

Étape 5 Prenez le temps de bien laisser sécher (nous insistons vraiment, cela peut prendre jusqu'à une heure, voilà pourquoi nous vous recommandons de réaliser cette manucure sur de faux ongles). Ensuite, décollez soigneusement les bandes d'adhésif avec une pince à épiler.

Étape 6 Coupez avec vos ciseaux un morceau de chaîne dorée assez long pour faire le tour d'un de vos ongles (ici, l'annulaire). Passez de la colle à ongle sur le bord de cet ongle, puis posez petit à petit la chaîne dorée dessus en vous aidant de la pince à épiler et en appuyant régulièrement.

Étape 7 Répétez l'opération sur votre autre annulaire. Peu importe où vous avez acheté votre sac, votre manucure, elle, au moins, n'est pas une contrefaçon !

Soyez fashionista jusqu'au bout des ongles grâce à cette manucure qui s'inspire des sacs surpiqués.

Apportez du glamour à une manucure toute simple grâce à un vernis à effet. C'est lui qui craquera, pas vous !

DONNEZ UN BEL EFFET *Craquelé* *à votre* *Top coat*

MATÉRIEL

VERNIS SOUS-COUCHE

VERNIS VERT ÉMERAUDE

TOP COAT NOIR CRAQUELÉ

TOP COAT TRANSPARENT

Étape 1 Peignez chaque ongle de la couleur que vous désirez après avoir laissé sécher la sous-couche. Nous aimons beaucoup le vert émeraude, mais pourquoi ne pas essayer du rose magenta, du bleu électrique ou du jaune vif ?

Étape 2 Pendant que vos ongles sèchent, réfléchissez au type de craquelures que vous aimeriez réaliser. Leurs formes dépendent de vos coups de pinceau : la pose de ce vernis très spécial influe donc sur le résultat final. Plus la couche de vernis est fine, plus les lignes seront fines et assez droites, alors qu'une couche plus épaisse donnera des craquelures plus larges, surtout si vous appuyez très légèrement le pinceau sur l'ongle.

Étape 3 Une fois vos ongles secs, passez une couche de vernis craquelant. Alternez une pose verticale et une autre horizontale pour créer des effets de zébrures dynamiques.

Étape 4 Pensez à travailler rapidement, ces vernis sèchent vite. Ne passez pas d'autre couche si la première n'est pas parfaitement sèche, elle ne craquerait pas ! Prenez plutôt votre temps et admirez la couche inférieure qui apparaît peu à peu comme par magie. L'intérêt de cette manucure, c'est que le vernis fait le boulot à votre place !

Étape 5 Quand vos craquelures sont sèches, protégez votre vernis avec une couche de top coat transparent. Vos copines vont être jalouses !

Devenez le nouveau Jackson Pollock grâce à cette manucure inspirée du street art.

TAGUEZ VOS ONGLES

en Technicolor

MATÉRIEL

VERNIS SOUS-COUCHE

VERNIS NOIR, GRIS ET ROSE VIF

ADHÉSIF

PETITES PAILLES

PINCEAU BISEAUTÉ

RINCE-DOIGTS

ACÉTONE

TOP COAT TRANSPARENT

Étape 1 Faites une manucure noire après avoir appliqué une sous-couche et l'avoir laissé sécher. Protégez la peau autour de votre ongle avec de l'adhésif. Si vous êtes sûre de vous, oubliez l'adhésif, vous effacerez les éventuels petits débordements plus tard.

Étape 2 Une fois que vos ongles sont bien secs, posez le pinceau du vernis gris sur l'extrémité d'une paille, afin qu'elle se remplisse d'un peu de vernis. Posez un doigt sur l'autre extrémité de la paille pour faire ventouse afin que le vernis ne coule pas.

Étape 3 Placez l'extrémité de la paille pleine de vernis au dessus de votre ongle. Mettez l'autre extrémité dans votre bouche et soufflez pour vaporiser du vernis sur tous vos ongles (n'inhalez pas).

Étape 4 Quand vos éclaboussures grises sont sèches, répétez le processus avec du vernis rose vif (ou toute autre couleur que vous souhaitez). Enlevez l'adhésif et nettoyez les éventuelles petites éclaboussures sur votre peau avec le pinceau biseauté trempé dans de l'acétone.

Étape 5 Quand votre travail est sec, peaufinez-le avec une couche de top coat transparent.

Poussez le volume à fond pour une soirée avec des ongles lumineux.

OFFREZ-VOUS UN *Spectacle Laser*

MATÉRIEL

RUBAN ADHÉSIF

CISEAUX

VERNIS SOUS-COUCHE

VERNIS BLANC, ROSE, JAUNE, VERT, ORANGE ET NOIR

FEUILLE DE PAPIER D'ALUMINIUM

ÉPONGE À MAQUILLAGE

PINCE À ÉPILER

TOP COAT TRANSPARENT

Étape 1 Découpez de très fines bandes de ruban adhésif, un peu plus longues que la longueur de vos ongles. Il en faut à peu près 50 pour cette manucure.

Étape 2 Appliquez une sous-couche, laissez sécher, puis appliquez une couche de blanc opaque (le blanc fera ressortir les différentes couleurs). Laissez sécher.

Étape 3 Versez une goutte de vernis rose une feuille d'aluminium, puis prenez-en une petite quantité sur le bout de votre éponge à maquillage. Tamponnez l'éponge sur votre ongle pour y déposer la couleur de manière aléatoire. Répétez avec les autres nuances, en rajoutant du vernis sur celui déjà appliqué pour obtenir un effet plus intense. Il faut que les jonctions entres les différentes couleurs se fondent entre elles harmonieusement. Laissez sécher.

Étape 4 Disposez les fines bandes d'adhésif en faisceaux (n'hésitez pas à faire dépasser l'extrémité des bandes de vos ongles). Nous avons varié l'angle des rayons laser pour obtenir un résultat encore plus délirant.

Étape 5 Vérifiez que toutes les bandes adhèrent bien à l'ongle en appuyant fermement dessus, puis passez deux couches de vernis noir en ayant soin de les laisser sécher l'une après l'autre.

Étape 6 Quand vos ongles sont secs, enlevez délicatement les bandes à l'aide de la pince à épiler.

Étape 7 Appliquez une couche de top coat. Que la fête commence !

Forcez un peu la dose avec ce look « retour des années 90 ».

OPTEZ POUR la Peinture Gonflante

MATÉRIEL

- VERNIS SOUS-COUCHE
- VERNIS BLANC, JAUNE FLUO, VERT SALADE, ROSE VIF ET ORANGÉ
- FEUILLE DE PAPIER D'ALUMINIUM
- CURE-DENT
- TOP COAT TRANSPARENT

Étape 1 Commencez par une sous-couche transparente, laissez sécher puis passez une couche de vernis blanc. Quand il est sec, terminez par une couche de top coat.

Étape 2 Ici, la clef de la réussite c'est la patience ! Une fois votre top coat sec, versez une bonne dose de vernis jaune sur la feuille d'aluminium. Attendez qu'il épaississe juste avant de sécher. Testez sa consistance en trempant votre cure-dent dans le vernis : si un fil épais de vernis y reste attaché, c'est parfait.

Étape 3 Prenez alors un peu de vernis avec le cure-dent et laissez le couler en fil épais sur votre ongle. Répétez cette opération 2 ou 3 fois, puis passez aux autres ongles.

Étape 4 Recommencez le processus avec le vert, le rose et l'orangé pour obtenir une variété de couleurs et de textures.

La texture cotonneuse de la poudre à floconner transforme vos ongles en petits plaisirs sucrés.

FAITES

Patte de Velours

MATÉRIEL

VERNIS SOUS-COUCHE

VERNIS ROSE VIF ET BLANC

TOP COAT TRANSPARENT

RUBAN ADHÉSIF

POUDRE À FLOCONNER BLANCHE

OUTIL À POINTS

10 PERLES DORÉES À FOND PLAT

Étape 1 Après le b.a.-ba (pose d'une sous-couche et séchage), passez une couche de vernis rose vif qui tranchera avec le blanc de la poudre à floconner (c'est un talc très fin qui donne un aspect fini floconneux) que vous pourrez trouver dans tous les magasins de décoration ou les ongleries.

Étape 2 Quand vos ongles sont secs, passez une couche de top coat transparent. Laissez sécher, puis posez deux morceaux de ruban adhésif en forme de V sur chacun de vos ongles.

Étape 3 Passez du vernis blanc à l'intérieur des V et saupoudrez immédiatement d'un peu de poudre à floconner.

Étape 4 À l'aide de l'outil à points, déposez une goutte de top coat transparent à la base des V puis, avec le même outil, posez une perle en pressant fermement dessus. Partez dîner en amoureux avec des doigts très doux au toucher !

FAITES DE CHARMANTS

Petits Nœuds

MATÉRIEL

VERNIS SOUS-COUCHE

VERNIS GRIS, ROSE VIF, ROSE PÂLE, JAUNE ET BLANC

FEUILLE DE PAPIER D'ALUMINIUM

PETIT PINCEAU À BOUT ROND

OUTIL À POINTS

ACÉTONE

TOP COAT TRANSPARENT

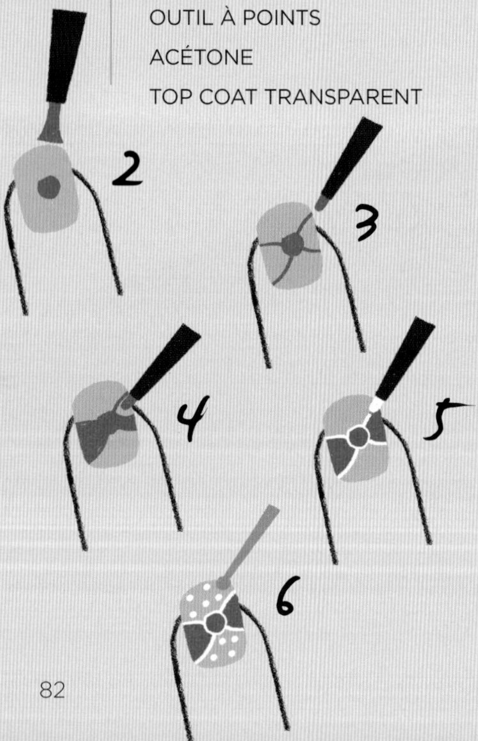

Étape 1 Commencez par une sous-couche, puis faites une manucure classique avec une couleur différente pour chaque ongle. Laissez sécher.

Étape 2 Choisissez une couleur contrastant bien avec votre couleur de fond (nous avons commencé par un nœud rose vif sur un fond gris) et déposez un point de vernis au centre de votre ongle.

Étape 3 Versez un peu de la même couleur sur une feuille d'aluminium et prenez le petit pinceau à bout rond. Tracez deux lignes incurvées de chaque côté du points central, jusqu'aux bords de l'ongle.

Étape 4 Remplissez de vernis les deux côtés de votre nœud pour créer une forme de papillon. Passez éventuellement une seconde couche pour obtenir un nœud d'une couleur plus intense. Maintenant que vous avez réussi ce ravissant petit nœud, faites-en d'autres, de couleurs différentes, sur chacun de vos ongles, en rinçant votre pinceau à l'acétone entre chaque teinte. Laissez sécher.

Étape 5 Versez un peu de vernis blanc opaque sur la feuille d'aluminium et, après avoir rincé le petit pinceau, surlignez vos nœuds d'un trait blanc, en commençant par le petit cercle du milieu puis en continuant par les côtés du papillon.

Étape 6 À l'aide de l'outil à points, semez des petits ronds blancs sur la couleur de base.

Étape 7 Quand vos nœuds sont secs, passez une couche de top coat transparent et laissez sécher. Vous voyez? C'est simple comme bonjour.

Nouez un petit nœud sur chacun de vos ongles pour vous offrir un look super girly.

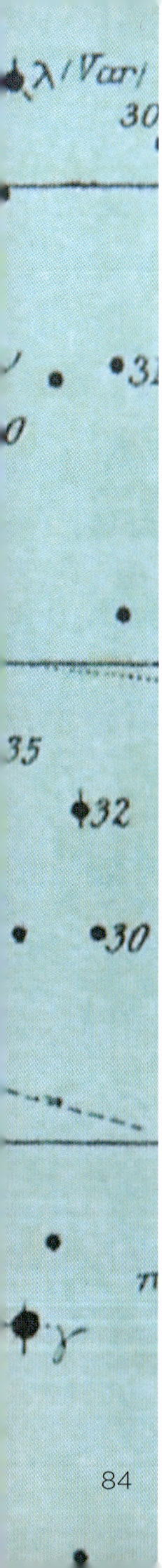

DÉCOLLEZ avec des Ongles Galactiques

MATÉRIEL

- VERNIS SOUS-COUCHE
- VERNIS NOIR, BLANC, VERT, BLEU, JAUNE ET DU GEL HOLOGRAPHIQUE ARGENTÉ
- FEUILLE DE PAPIER D'ALUMINIUM
- ÉPONGE À MAQUILLAGE
- OUTIL À POINTS
- TOP COAT TRANSPARENT

Étape 1 Le b.a.-ba (appliquez la sous-couche). Une fois vos ongles secs, faites une manucure classique avec le vernis noir. Laissez sécher.

Étape 2 Versez du vernis blanc sur la feuille de papier d'aluminium. Plongez-y l'éponge et tapotez votre ongle avec. Ces impressions serviront d'arrière-plan aux particules de poussière que vous dessinerez ensuite. Laissez sécher.

Étape 3 Versez une goutte de vernis vert sur la feuille d'aluminium, prenez-en un peu avec l'éponge et déposez-le délicatement sur la moitié de l'espace vernis blanc. Pour un effet réaliste, essayez de faire le moins de marques possible. Laissez sécher.

Étape 4 Faites de même avec le vernis bleu en couvrant l'autre moitié des espaces blancs et en mêlant le bleu au vert.

Étape 5 Quand ces couches sont sèches, posez à l'éponge un peu de vernis gel holographique argenté pour donner l'impression qu'une voie lactée scintille dans le lointain.

Étape 6 Prenez un peu de vernis jaune avec l'éponge. Posez-le sur les nébuleuses que vous avez créées pour obtenir un effet explosif de poussière d'espace.

Étape 7 Pour donner l'illusion de la profondeur et de la distance, tracez quelques points blancs pour figurer des étoiles plus proches.

Étape 8 Quand vos ongles sont secs, protégez-les avec une couche de top coat brillant. Vous êtes fin prête pour le compte à rebours !

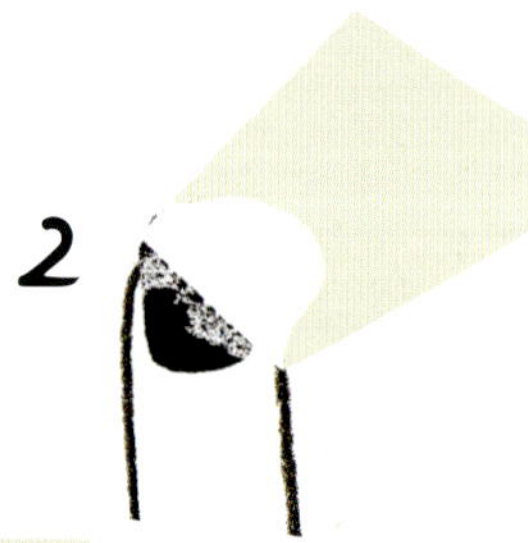

Contemplez la voie lactée toute la journée sur cette carte du ciel réalisée à l'éponge.

HABILLEZ VOS ONGLES de Lingerie Sexy

Étape 1 Commencez par la pose d'une sous-couche. Une fois qu'elle est sèche, peignez vos ongles dans un coloris chair correspondant à votre carnation.

Étape 2 Quand votre manucure est sèche, versez un peu de vernis noir sur la feuille de papier d'aluminium. Trempez votre outil à points le plus grand dedans et tracez quatre points en losange au milieu de votre ongle.

Étape 3 Avec l'outil à points plus petit, faites des petits points entre les gros, traçant ainsi un motif de filet sexy.

Étape 4 Prenez du vernis noir avec le pinceau fin et tracez une ligne horizontale sur chaque extrémité de vos ongles.

Étape 5 Avec le pinceau du vernis noir, remplissez la partie haute de votre ongle, définie par la ligne horizontale.

Étape 6 Laissez sécher vos ongles puis passez une couche de top coat pour éviter que ces jolis bas en dentelle ne filent. Oh la la!

MATÉRIEL

- VERNIS SOUS-COUCHE
- VERNIS CHAIR ET NOIR
- FEUILLE DE PAPIER D'ALUMINIUM
- OUTILS À POINTS DE DEUX TAILLES DIFFÉRENTES
- PINCEAU FIN
- TOP COAT TRANSPARENT

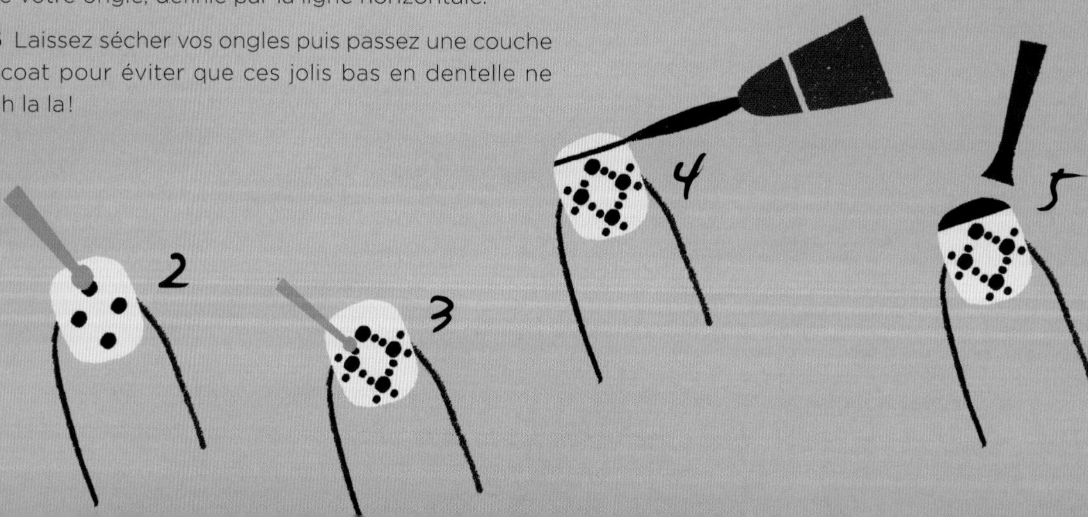

Certaines lingeries sont trop belles pour être dissimulées. Portez-les plutôt sur le bout de vos ongles !

VIVEZ LA BOHÈME

en Style Ikat

MATÉRIEL

VERNIS SOUS-COUCHE

VERNIS BLEU PÂLE, NOIR, ROSE PROFOND ET BLANC

FEUILLE DE PAPIER D'ALUMINIUM

PETIT PINCEAU À BOUT ROND

ACÉTONE

TOP COAT TRANSPARENT

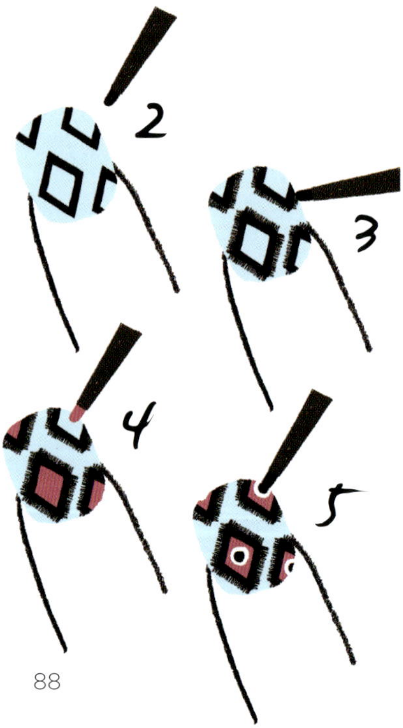

Étape 1 Commencez par une sous-couche, puis passez une couche de vernis bleu pâle sur vos ongles. Pendant qu'ils sèchent, regardez quelques motifs ikat pour trouver votre bonheur. Cette mode inspirée des tissus a ses fans depuis toujours. Ils raffolent de ces motifs géométriques adoucis par des bordures floutées. Il existe des milliers de motifs et de couleurs.

Étape 2 Versez du vernis noir sur la feuille d'aluminium. À l'aide d'un petit pinceau à bout rond, dessinez des motifs en losange pour donner une forme de base à votre motif ikat. Ne vous inquiétez pas si vos losanges ne sont pas parfaits.

Étape 3 À petits coups rapides, tracez de petites lignes noires sur les bords de vos losanges, sur tout votre ongle, pour donner un effet tissé. Astuce: positionnez votre pinceau parallèlement à votre ongle pour un meilleur résultat.

Étape 4 Remplissez soigneusement le centre de chaque losange de vernis rose au en utilisant le pinceau du flacon. Encore une fois, peu importe si les bordures sont imparfaites.

Étape 5 Pendant que vos ongles sèchent, rincez le petit pinceau rond. Utilisez-le pour déposer un point de vernis blanc au centre de chaque losange. Laissez sécher. Rincez de nouveau votre pinceau et déposez un petit point noir au centre du point blanc.

Étape 6 Offrez à vos ongles de hippie la protection d'une dernière couche de top coat, et laissez votre esprit vagabonder!

Ce look à la fois rétro et séduisant rend hommage aux splendides motifs ikat.

Les imprimés spectaculaires de Marimekko ont inspiré l'une de nos manucures préférées.

IMPRIMEZ LE STYLE Marimekko

MATÉRIEL

VERNIS SOUS-COUCHE

VERNIS BLANC, ROUGE, NOIR ET BLEU

PINCEAU FIN

TOP COAT TRANSPARENT

Étape 1 Après le b.a.-ba (la sous-couche), peignez tous vos ongles en blancs à l'exception de vos annulaires, que vous peindrez en rouge. Pendant que vos ongles sèchent, choisissez un motif. Cette manucure est composée uniquement de lignes droites, tout le truc est de composer un ensemble hypnotique sur chaque main!

Étape 2 Commencez par les ongles rouges. Trempez le pinceau fin dans du vernis noir et dessinez des lignes verticales qui se transforment en V aux deux tiers de votre ongle. Une fois qu'elles sont sèches, couvrez un côté de votre ongle de lignes diagonales. Ces lignes vont du centre au bord de l'ongle en croisant les verticales en chemin.

Étape 3 Avec le pinceau du flacon, déposez du vernis blanc en haut de votre ongle, et formez un triangle inversé.

Étape 4 Une fois ces triangles blancs bien secs, dessinez des rayures noires en chevrons à l'intérieur de la zone blanche avec le pinceau fin. Enfin, soulignez les triangles blancs.

Étape 5 Maintenant, il est temps de passer aux autres ongles! Choisissez-en deux (un auriculaire et un majeur, par exemple) et tracez, avec le pinceau fin, quatre lignes verticales sur chacun d'eux: deux lignes sur un côté de l'ongle, deux autres de l'autre côté, en laissant un vide au milieu. Remplissez ce vide d'une échelle de rayures horizontales.

Étape 6 Dessinez une grille sur deux de vos ongles (nous avons choisi un pouce et un index). À l'aide du pinceau fin, tracez des lignes verticales à intervalles réguliers. Quand elles sont sèches, tracez des lignes horizontales qui les croisent.

Étape 7 Dessinez ensuite votre autre pouce et votre autre index. Utilisez encore le pinceau fin pour faire une ligne verticale qui coupe l'ongle en deux. D'un côté de cette ligne, tracez des diagonales. De l'autre coté, tracez des verticales.

Étape 8 Répétez les diagonales et les verticales sur vos deux autres ongles, en vous arrêtant aux deux tiers du haut. Ajoutez du vernis bleu en haut de l'ongle et tracez des triangles inversés, comme pour vos ongles rouges. Décorez la partie bleue avec des lignes noires verticales et diagonales.

Étape 9 Laissez sécher vos ongles et passez une couche de top coat incolore.

BOUGEZ AVEC UN LOOK Rock'n'Roll

Étape 1 Sur une sous-couche bien sèche, posez une couche de vernis blanc sur vos auriculaires et vos majeurs, une couche de bleu sur vos index, une couche de rouge sur vos pouces et une couche de noir sur vos annulaires.

Étape 2 Une fois vos ongles secs, versez un peu de vernis noir et un peu de vernis argenté sur la feuille d'aluminium. Utilisez le plus gros des outils à points et tracez un Y formé par une série de points sur votre ongle noir. Laissez sécher. Prenez ensuite le plus petit des outils à points et faites deux points noirs qui recouvrent les bords de chaque points argent, pour figurer les dents d'une fermeture éclair.

Étape 3 Pour la tirette de la fermeture éclair, utilisez le petit pinceau à bout rond et peignez un rectangle argenté à l'intersection du Y.

Étape 4 Avec le pinceau fin, dessinez une croix blanche sur votre ongle bleu, puis un X blanc la chevauchant. Laissez sécher, rincez votre pinceau et tracez de fines lignes rouges au centre des lignes blanches.

Étape 5 Sur votre majeur, à l'aide du pinceau fin, tracez une ligne rouge représentant la partie supérieure d'une lèvre. Puis, en partant des coins de la lèvre, dessinez la partie inférieure de la bouche et la langue tirée. Remplissez la langue et laissez sécher.

Étape 6 Rincez votre pinceau, trempez-le dans le vernis noir et remplissez la bouche. Ajoutez une ligne noire au centre de la langue, puis une autre pour bien la séparer de la lèvre sur le côté droit. Laissez sécher. Rincez votre pinceau puis peignez en blanc les dents à l'intérieur de la bouche. Ajoutez de petites touches de blanc pour le relief sur les lèvres et la langue.

Étape 7 Passez du vernis pailleté sur vos auriculaires. Puis, pour réaliser un effet pailleté sur vos pouces, passez le pinceau depuis le bout de votre ongle vers la cuticule, en concentrant les paillettes sur le haut de l'ongle.

Étape 8 Laissez bien sécher, passer une couche de top coat.

MATÉRIEL

- VERNIS SOUS-COUCHE
- VERNIS BLANC, BLEU, ROUGE, NOIR, ARGENTÉ ET PAILLETÉ
- FEUILLE DE PAPIER D'ALUMINIUM
- OUTILS À POINTS DE DEUX TAILLES DIFFÉRENTES
- PETIT PINCEAU À BOUT ROND
- PINCEAU FIN
- TOP COAT TRANSPARENT

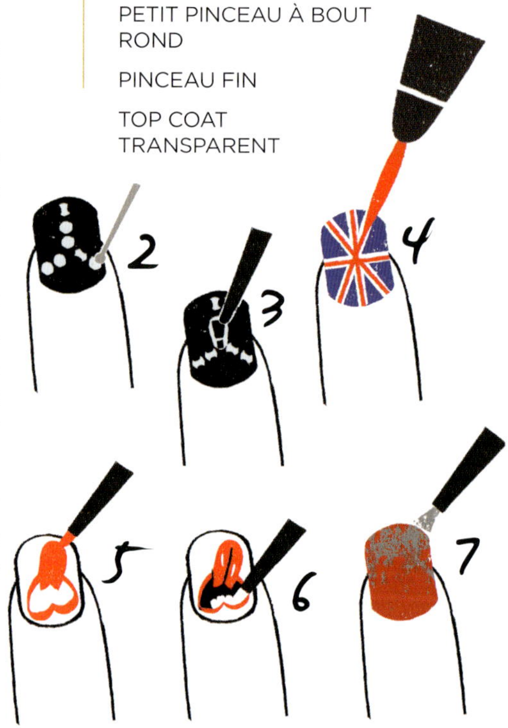

Faites danser vos ongles comme Mick Jagger avec cette manucure hyper vinyle, à coordonner avec un minishort.

Vous rêvez d'été ?
Offrez un zeste de soleil
à votre quotidien
avec une amusante
salade de fruits.

SAVOUREZ UNE Manucure très Fruitée

Étape 1 Une fois que la sous-couche est sèche, peignez vos pouces en rose intense, vos index en orange, vos majeurs en vert acidulé, vos annulaires en rouge et vos auriculaires en jaune. Laissez sécher.

Étape 2 Versez un peu de vernis vert émeraude sur la feuille d'aluminium et, avec le petit pinceau à bout rond, peignez une ligne en zigzag sur votre annulaire, au niveau du haut de votre cuticule, puis remplissez la zone ainsi formée de vert pour figurer les feuilles d'une fraise. Faites la même chose sur l'autre main. Rincez le pinceau.

Étape 3 Versez un peu de jaune sur la feuille d'aluminium. Avec le petit pinceau, faites de petits points sur vos deux fraises pour figurer les akènes du fruit (rassurez-vous, ceux-là ne se coinceront jamais entre vos dents !)

Étape 4 Rincez votre pinceau et prenez un peu de vernis vert émeraude sur la palette. Peignez un croissant vert en haut de vos ongles vernis en rose pour figurer la peau d'une belle pastèque.

Étape 5 Rincez le pinceau, versez un peu de vernis noir sur la palette et peignez les graines de la pastèque sur votre base rose. Rincez de nouveau le pinceau.

MATÉRIEL

- VERNIS SOUS-COUCHE
- VERNIS ROSE INTENSE, ORANGE, VERT ACIDULÉ, ROUGE, JAUNE, VERT ÉMERAUDE, NOIR ET BLANC
- FEUILLE DE PAPIER D'ALUMINIUM
- PETIT PINCEAU À BOUT ROND
- PINCEAU FIN
- TOP COAT TRANSPARENT

Étape 6 Au centre de vos ongles orange, vert acidulé et jaunes, peignez un cercle avec le pinceau du vernis blanc opaque. Laissez sécher.

Étape 7 Prenez la couleur de base de chaque ongle et, avec le pinceau fin, tracez des petits triangles dans les cercles afin de figurer les quartiers de fruits. Laissez sécher.

Étape 8 Terminez votre manucure « fruits de saison » en passant une couche de top coat transparent.

Même si vous n'êtes pas une pro du deux-roues, vous passerez pour une vraie motarde grâce à cette manucure.

JOUEZ LES DURES À CUIRE

Tout en Cuir

MATÉRIEL

FAUX ONGLES EN ACRYLIQUE

CUIR AUTOCOLLANT

CRAYON À PAPIER

CISEAUX

POUSSE CUTICULES EN BUIS

LIME À ONGLES

COLLE À ONGLES

PINCE À ÉPILER

6 POINTES MÉTALLIQUES

Étape 1 Choisissez des faux ongles de la même taille que les vôtres et poncez-les si nécessaire (nous utilisons des faux ongles pour ce look pour éviter de couvrir vos ongles de colle). Placez les ongles sur le verso du cuir autocollant, tracez leurs contours au crayon à papier.

Étape 2 Découpez les contours des ongles dessinés avec des ciseaux.

Étape 3 Ôtez la feuille protectrice d'une des formes en cuir. Posez-la sur le faux ongle correspondant en utilisant le pousse cuticules pour bien la faire adhérer. Si le cuir se décolle, utilisez un peu de colle à ongles.

Étape 4 Découpez les bouts qui peuvent dépasser et poncez les imperfections. Astuce : cette méthode de collage fonctionne à merveille pour toutes sortes de textiles adhésifs comme du plaquage de bois, du velours, du vinyle ou du papier peint.

Étape 5 Collez les pointes métalliques punk où vous le souhaitez avec un peu de colle à ongles en vous aidant d'une pince à épiler (nous avons acheté les nôtres dans une boutique de piercings, vous pouvez également en trouver sur Internet).

Étape 6 Fixez vos faux ongles sur les vrais avec de la colle à ongles et faites rocker votre quotidien !

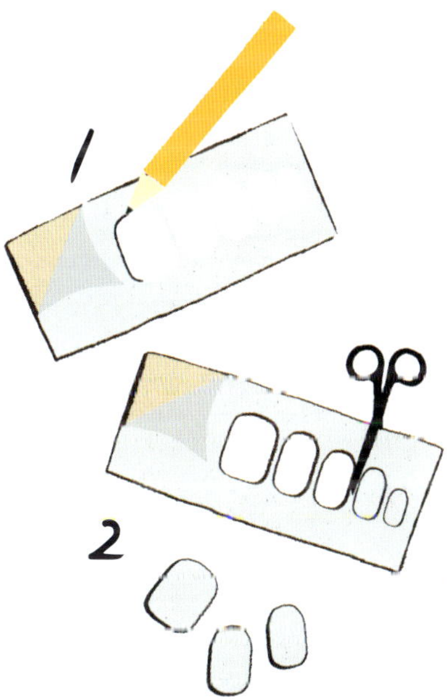

DESSINEZ une Manucure 100% B.D.

Étape 1 Commencez sur une sous-couche bien sèche. Peignez vos auriculaires en blanc, vos annulaires et vos pouces en rouge, un index en jaune et l'autre en bleu, un majeur en jaune et l'autre en bleu. Feuilletez une ou deux bandes dessinées pendant que vos ongles sèchent.

Étape 2 Versez un peu de vernis jaune sur la feuille de papier d'aluminium. À l'aide du petit pinceau à bout rond, peignez des éclairs sur vos ongles blancs.

Étape 3 Rincez le pinceau. Versez un peu de vernis blanc sur la feuille de papier d'aluminium et peignez des bulles de bande dessinée sur vos ongles rouges et bleus. Faites-en certaines en forme d'étoiles, d'autres en forme de bulles.

Étape 4 Occupez-vous maintenant de vos ongles jaunes. Rincez de nouveau le pinceau et utilisez-le pour tracer un œil blanc sur vos deux ongles. Ajoutez ensuite un petit ovale dans l'un des angles de chaque œil pour figurer une larme. Remplissez bien l'ovale de blanc et laissez sécher ces yeux !

Étape 5 Passez aux points. À l'aide de l'outil à points, semez des points blancs sur le fond bleu de votre ongle, tout autour de la bulle. Rincez votre outil et couvrez tous vos autres ongles de petits points jaunes.

Étape 6 Versez du vernis turquoise sur le papier d'aluminium. Rincez votre outil à points et faites des points autour de l'œil sur vos ongles jaunes. Ajoutez un points au milieu pour figurer l'iris. Laissez sécher.

Étape 7 Versez du vernis noir sur le papier d'aluminium. Avec le pinceau (rincé), soulignez vos bulles et vos éclairs en noir. Ajoutez des lettres et des points d'exclamation à l'intérieur des bulles, ainsi que des pupilles et des sourcils aux yeux.

Étape 8 Quand vos ongles sont parfaitement secs, passez une couche de top coat transparent.

MATÉRIEL

VERNIS SOUS-COUCHE

VERNIS BLANC, ROUGE, JAUNE, BLEU, TURQUOISE ET NOIR

FEUILLE DE PAPIER D'ALUMINIUM

PETIT PINCEAU À BOUT ROND

OUTIL À POINTS

TOP COAT TRANSPARENT

Si ce look ne triomphe pas contre les forces du mal, il boostera votre style grâce à ses superpouvoirs.

PARCOUREZ LE GLOBE avec des Ongles Nomades

MATÉRIEL

VERNIS SOUS-COUCHE

VERNIS BEIGE ET ROUGE

PINCEAU FIN

PETIT PINCEAU À BOUT ROND

FEUILLE DE PAPIER D'ALUMINIUM

TOP COAT TRANSPARENT

Étape 1 Commencez par la sous-couche. Lorsqu'elle est sèche, passez une couche de vernis beige pour offrir une couleur de fond subtile aux futurs motifs contrastés.

Étape 2 Laissez sécher vos ongles. Plongez le pinceau fin dans le flacon de vernis rouge. Tracez deux lignes horizontales sur chacun de vos ongles, de manière à les diviser en trois parties égales. Astuce : créer des zones bien marquées facilite la réalisation des motifs.

Étape 3 Dans le premier segment d'un de vos ongles, réalisez des rayures diagonales. Laissez sécher pendant que vous faites de même sur un autre segment d'un autre ongle, et ainsi de suite pour tous vos ongles.

Étape 4 Passez au deuxième segment et essayez un autre motif, comme les zigzags. Continuez à décorer vos ongles de dessins différents, puis laissez-les sécher.

Étape 5 Peignez la troisième section de vos ongles en variant les motifs : des lignes verticales et horizontales, ou même des courbes (pour dessiner des lignes plus organiques, versez du vernis sur une feuille de papier d'aluminium et utilisez un petit pinceau à bout rond). Essayez de remplir certains des vides pour créer des effets de contraste.

Étape 6 Une fois que votre manucure « multilignes » est sèche, appliquez une couche de top coat transparent.

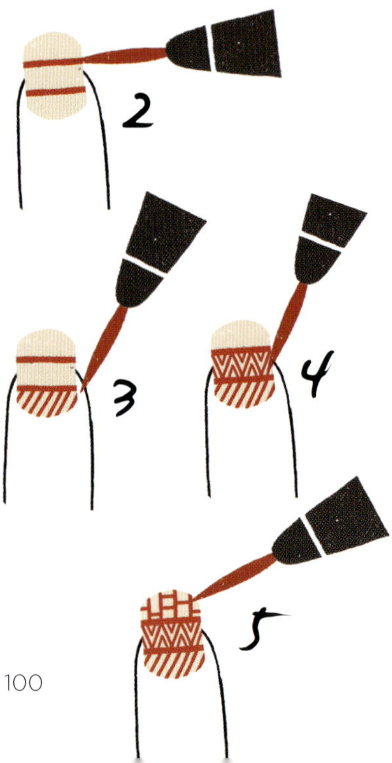

Créez
un style saisissant
en multipliant
les motifs tribaux.

Portez haut vos couleurs grâce à cette manucure aux nuances intenses.

DÉMARREZ SUR

des Chapeaux de Roues

MATÉRIEL

VERNIS SOUS-COUCHE

VERNIS ORANGE, JAUNE, ROUGE, DORÉ, VERT ET BLEU

FEUILLE DE PAPIER D'ALUMINIUM

PETIT PINCEAU À BOUT ROND

OUTIL À POINTS

TOP COAT TRANSPARENT

10 CLOUS DORÉS

Étape 1 Appliquez la sous-couche. Pendant que vos ongles sèchent, faites votre choix de couleurs. Testez l'une à côté de l'autre des nuances similaires et d'autres contrastantes.

Étape 2 Versez du vernis orange sur le papier d'aluminium, plongez-y le petit pinceau à bout rond. Posez-le au centre de votre premier ongle. Tirez le pinceau vers le haut de l'ongle pour tracer le premier côté d'un triangle, puis tracez le second côté avec un angle d'environ un sixième de la circonférence de votre ongle. Remplissez le triangle de vernis orange.

Étape 3 Faites un triangle orange sur tous vos ongles, en variant son emplacement.

Étape 4 Répétez l'opération avec les cinq autres couleurs pour couvrir tous vos ongles, en prenant soin de rincer le pinceau à chaque changement de couleur. Passez une seconde couche de chaque couleur et laissez sécher.

Étape 5 À l'aide de l'outil à points, posez une goutte de vernis transparent au centre de chacun de vos ongles, à la jonction des six couleurs. Puis prenez, toujours avec l'outil à points, les clous dorés un par un pour les placer sur l'axe central de votre « moulin », en appuyant légèrement dessus pour bien faire adhérer. Laissez sécher.

Étape 6 Passez une couche de top coat transparent pour donner plus de brillance à cette manucure tout en Technicolor.

ORGANISEZ un Pique-Nique SUR VOS ONGLES

MATÉRIEL

VERNIS SOUS-COUCHE

VERNIS BLANC, BEIGE, ROUGE, NOIR, BRUN, JAUNE ET VERT

FEUILLE DE PAPIER D'ALUMINIUM

PETIT PINCEAU À BOUT ROND

PINCEAU FIN

OUTILS À POINTS DE TROIS TAILLES DIFFÉRENTES

TOP COAT TRANSPARENT

Étape 1 Une fois votre sous-couche sèche, vernissez vos auriculaires, vos pouces et vos majeurs en blanc. Vernissez vos annulaires et vos index en beige. Laissez sécher.

Étape 2 Versez du vernis rouge sur la feuille de papier d'aluminium. Avec le petit pinceau à bout rond, peignez des petits carrés positionnés en damier sur vos ongles blancs. Puis dessinez de fines rayures obliques dans les espaces blancs situés entre les carrés rouges que vous venez de réaliser. Laissez sécher.

Étape 3 Versez un peu de vernis noir sur le papier d'aluminium. Dessinez des fourmis sur vos majeurs en utilisant les trois outils à points, du plus large ou plus petit, pour faire trois points en ligne.

Étape 4 Prenez le petit pinceau à bout rond, rincez-le et tracez six petites pattes sur le corps de chaque fourmi. N'oubliez pas les antennes!

Étape 5 Pour dessiner un hot-dog sur vos annulaires, ajoutez du vernis jaune et du vernis brun sur la palette. Commencez par tracer une ligne brune ondulante au centre de l'ongle, puis une ligne rouge à gauche et une ligne jaune à droite (en rinçant le pinceau entre chaque couleur, bien sûr).

Étape 6 Peignez maintenant un hamburger sur vos index. Prenez un peu de vernis vert et tracez une ligne brisée horizontale au milieu de l'ongle. Encadrez cette ligne de rouge (en haut) et de jaune (en bas). Laissez sécher, rincez le pinceau, trempez-le dans du vernis noir et tracez deux lignes horizontales de chaque côté.

Étape 7 À l'aide du plus petit des outils à points, parsemez de graines de sésame blanches puis passez une couche de top coat.

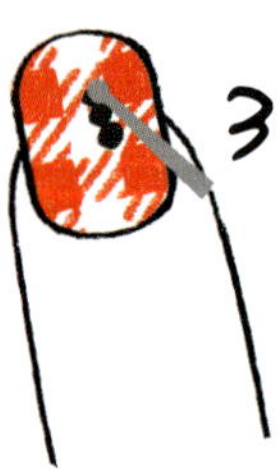

Préparez le panier à pique-nique ! Cette manucure se marie parfaitement avec une belle journée, une herbe tendre et un verre de limonade bien fraîche !

GLISSEZ-VOUS DANS DES CHAUSSURES Bicolores

MATÉRIEL

VERNIS SOUS-COUCHE

VERNIS VERT ÉMERAUDE ET BLANC

FEUILLE DE PAPIER D'ALUMINIUM

PETIT PINCEAU À BOUT ROND

PINCEAU FIN

OUTIL À POINTS

TOP COAT TRANSPARENT

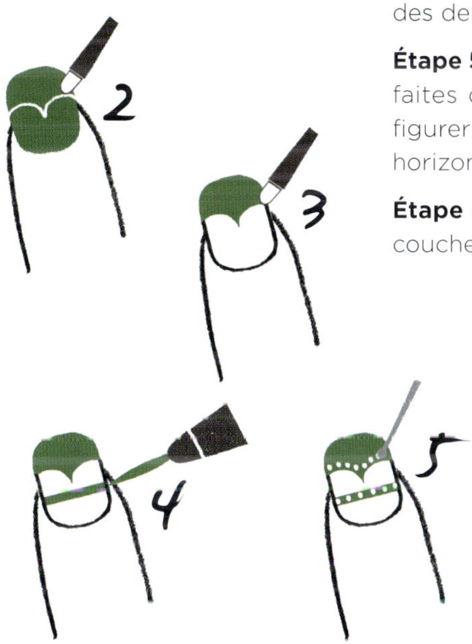

Étape 1 Une fois votre sous-couche sèche, laquez vos ongles d'un beau vert émeraude.

Étape 2 Versez du vernis blanc sur le papier d'aluminium. Avec le petit pinceau à bout rond, partez d'un bord externe de l'ongle pour tracer une légère courbe jusqu'au centre. Poursuivez vers l'autre bord, en dessinant une seconde courbe symétrique à la première.

Étape 3 Remplissez la partie inférieure de la ligne blanche de blanc. Vous pouvez éventuellement en passer une deuxième couche si la couleur verte transparaît à travers la première couche.

Étape 4 Quand vos ongles sont bien secs, plongez le pinceau fin dans le vernis vert et tracez une ligne horizontale à la base des deux lignes courbes.

Étape 5 À l'aide de l'outil à points trempé dans le vernis blanc, faites des petits points au-dessus des deux courbes pour figurer les perforations du cuir. Faites de même sur la ligne horizontale.

Étape 6 Une fois les bouts de chaussures secs, passez une couche de top coat.

Qui aurait imaginé que l'étagère à chaussures de votre petit ami puisse tellement vous inspirer ?

PRÉLASSEZ-VOUS

en Carreaux Pied-de-Poule

MATÉRIEL

VERNIS SOUS-COUCHE

VERNIS BLEU PÂLE ET BLEU FONCÉ

FEUILLE DE PAPIER D'ALUMINIUM

PETIT PINCEAU À BOUT ROND

TOP COAT TRANSPARENT

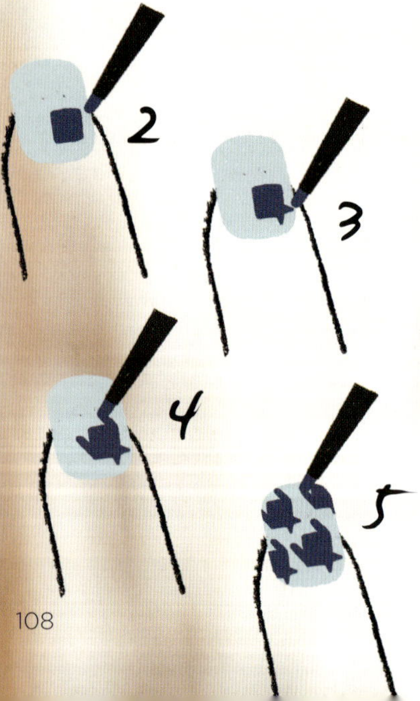

Étape 1 N'oubliez pas le b.a.-ba (l'application d'une sous-couche). Quand elle est sèche, peignez vos ongles avec le vernis le plus clair. Nous aimons le tendre camaïeu du bleu pâle et du bleu foncé mais vous pouvez marier n'importe quelles teintes claires et foncées d'une même couleur. Le secret de cette manucure, c'est la subtilité des contrastes.

Étape 2 Laissez sécher vos ongles, puis versez un peu de la deuxième teinte sur le papier d'aluminium. Avec le petit pinceau à bout rond, dessinez un petit carré sur votre premier ongle.

Étape 3 Faites deux minuscules petits triangles de part et d'autre de l'angle inférieur de votre carré.

Étape 4 Utilisez le bout du pinceau pour tracer deux petites lignes droites partant des deux coins adjacents à celui de vos petits triangles.

Étape 5 Peignez d'autres motifs identiques au premier tout autour. Astuce : vos carrés doivent être légèrement espacés les uns des autres pour donner l'impression d'un tweed.

Étape 6 Répétez sur tous vos ongles et laissez sécher, puis passez une couche de top coat pour une belle finition satinée. Préparez-vous une tasse de thé, sortez un bon vieux polar : voilà la recette idéale pour un dimanche après-midi !

Ce motif réversible très classique a pris un coup de jeune grâce à une manucure joliment **tweedy.**

Restez parfaitement informée ! Ce style très « assistante de direction » vous ouvrira la Une de tous les quotidiens.

FAITES les Gros Titres AVEC VOTRE MANUCURE

MATÉRIEL

- JOURNAL OU TOUT AUTRE PAPIER IMPRIMÉ
- CISEAUX
- VERNIS SOUS-COUCHE
- VERNIS NOIR ET ÉCRU
- PINCEAU LARGE ET PLAT
- RINCE-DOIGTS
- ALCOOL À 90°
- PINCE À ÉPILER
- TOP COAT TRANSPARENT
- DEUX CAMÉES DÉCORATIFS

Étape 1 Découpez des morceaux de journal qui serviront à recouvrir vos ongles. Faites preuve d'imagination : utilisez des magazines, des imprimés, des codes barres, des photos de votre star préférée, des vieux livres...

Étape 2 Sur une sous-couche bien sèche, peignez vos index en noir et tous vos autres ongles en écru pour un rendu encore plus saisissant, osez un fond orange ou jaune). Une fois que vos ongles sont secs, posez un morceau de journal sur votre auriculaire, face imprimée en dessous.

Étape 3 Plongez votre pinceau large dans le rince-doigts rempli d'alcool à quatre-vingt dix degrés et passez-le sur le morceau de papier, en prenant soin de ne pas le faire bouger. Pas de panique : si vous ratez un ongle ou deux, recommencez-les calmement. Cette technique du transfert d'encre demande un peu de minutie.

Étape 4 Décollez délicatement le papier à la pince à épiler. L'encre reste imprimée sur votre ongle ! Répétez cette étape sur tous vos ongles écrus. Laissez sécher.

Étape 5 Déposez du top coat sur le centre de vos ongles noirs et utilisez la pince à épiler pour coller un camée, des profils féminins par exemple.

Étape 6 Peaufinez votre Une en passant une dernière couche de top coat sur vos ongles.

RESTEZ INCOGNITO EN TENUE DE CAMOUFLAGE

Étape 1 Commencez par une sous-couche que vous laissez sécher, puis une couche de vernis beige ou nude. Le beige se marie bien avec les traditionnelles couleurs fanées (qui, croyez-nous, sont tout sauf fatiguées), mais vous pouvez également apporter de l'éclat grâce à un orange, un rose ou un bleu clair.

Étape 2 Quand vos ongles sont secs, versez une bonne quantité de vert kaki sur le papier d'aluminium. Trempez-y la pointe du petit pinceau à bout rond et peignez les contours de taches irrégulières sur chacun de vos ongles.

Étape 3 À l'aide du petit pinceau fin, remplissez ces taches de vert kaki, puis rincez votre pinceau.

Étape 4 Versez du vernis brun sur votre palette et peignez d'autres taches irrégulières, qui peuvent chevaucher légèrement les taches kaki.

Étape 5 Rincez de nouveau votre pinceau. Ajoutez du vernis noir à votre palette et gribouillez des formes dans certains des espaces libres entre les taches kaki et brunes. Prenez soin de ne pas recouvrir entièrement le vernis beige.

Étape 6 Passez une couche de top coat mat pour sophistiquer un peu votre look.

MATÉRIEL

VERNIS SOUS-COUCHE

VERNIS BEIGE, VERT KAKI, MARRON ET NOIR

FEUILLE DE PAPIER D'ALUMINIUM

PETIT PINCEAU À BOUT ROND

TOP COAT MAT

Vous ne passerez pas inaperçue avec ce look de garçon-manqué au top des dernières tendances.

Observez les oiseaux, ils vous fourniront la matière première nécessaire pour réaliser cette somptueuse manucure.

APPRENEZ À VOLER

de vos Propres Ailes

MATÉRIEL

- VERNIS SOUS-COUCHE
- VERNIS BEIGE OU NUDE
- TOP COAT TRANSPARENT
- PLUMES D'OISEAU FLEXIBLES
- CISEAUX

Étape 1 Faites le b.a.-ba (appliquez une sous-couche). Une fois vos ongles secs, passez deux couches de vernis nude de la nuance la plus proche de votre peau.

Étape 2 Passez une fine couche de top coat transparent et passez à l'étape suivante quand le vernis est encore un peu collant.

Étape 3 Appliquez le bout d'une plume sur votre ongle en plaçant son extrémité sur votre cuticule. Appuyez fortement avec un doigt sur la plume pour qu'elle adhère parfaitement.

Étape 4 Tirez délicatement sur le bout de la plume, cela vous aidera à bien placer ses différentes fibres.

Étape 5 Coupez aux ciseaux toute la partie de la plume qui dépasse de votre ongle. Répétez l'opération sur vos autres ongles. Cette technique de découpage peut être utilisée pour pratiquement tous les matériaux que vous voulez coller. Faites un tour dans un magasin de loisirs créatifs, vous y trouverez des plumes synthétiques bien souples. Et rassurez-vous, aucun oiseau n'a été maltraité pendant la réalisation de cette manucure !

Étape 6 Appliquez une seconde couche de top coat pour protéger votre look et pour combler les éventuels trous entre les fibres. Laissez sécher.

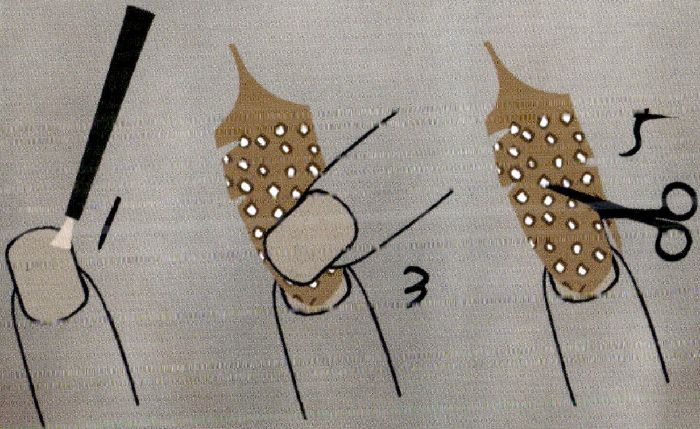

SEMEZ des Fleurs sur vos Ongles

MATÉRIEL

VERNIS SOUS-COUCHE

VERNIS ROSE VIF, BLANC, VIOLET ET JAUNE

FEUILLE DE PAPIER D'ALUMINIUM

OUTILS À POINTS DE TROIS TAILLES DIFFÉRENTES

TOP COAT TRANSPARENT

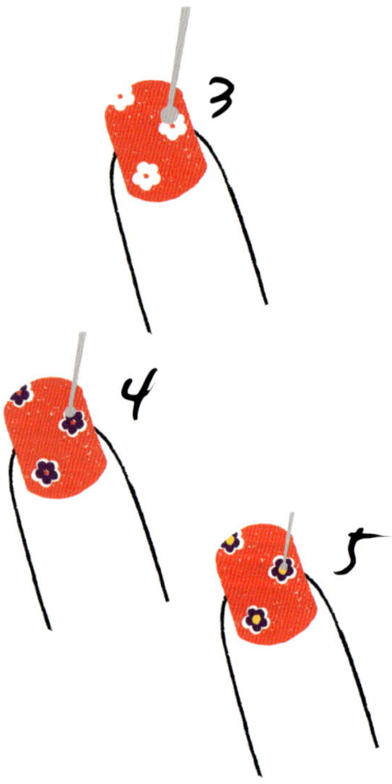

Étape 1 Débutez par une manucure classique rose vif (sur la fameuse sous-couche bien sèche que, bien sûr, vous n'oubliez jamais).

Étape 2 Versez un peu de vernis blanc sur le papier d'aluminium. Plongez-y votre outil à points le plus large avec une légère pression et placez rapidement trois points en demi-cercle sur votre premier ongle. Cette manucure est beaucoup plus simple à réaliser qu'il n'y paraît car elle n'est composée que de points.

Étape 3 Plongez à nouveau votre outil à points dans le vernis blanc et ajoutez deux points pour compléter un cercle de cinq pétales. Faites autant de cercles de pétales que vous le désirez sur vos ongles. Laissez sécher.

Étape 4 Versez du vernis violet sur le papier d'aluminium et plongez-y l'outil à points un peu plus petit que le premier. Faites de petits points violets au centre des points blancs. Laissez sécher.

Étape 5 Ajoutez du jaune à votre palette et plongez-y le plus petit des outils à points. Imprimez un points jaune au cœur de chaque fleur.

Étape 6 Laissez sécher vos fleurs, puis appliquez du top coat. Nul besoin de clef pour ouvrir ce jardin secret !

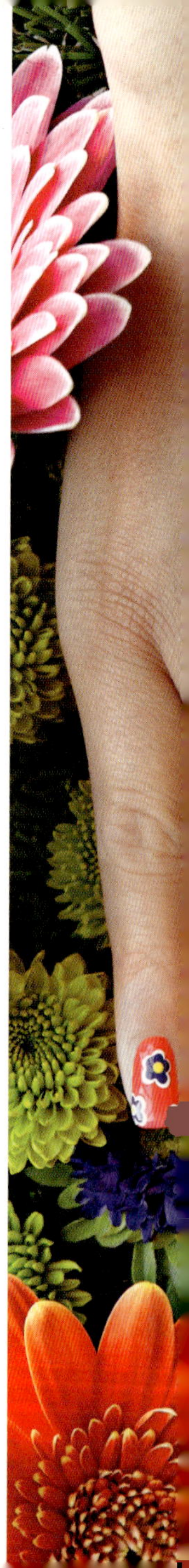

Manier l'outil à points pour planter ce décor fleuri est un vrai jeu d'enfant.

Éblouissez l'ennemi avec ce mélange de pépites d'or et de turquoises, terriblement séduisant.

TELLE *Cléopâtre*, RENVERSEZ DES EMPIRES

MATÉRIEL

- VERNIS SOUS-COUCHE
- VERNIS DORÉ, TURQUOISE ET NOIR
- COLLE À ONGLES
- PINCEAU LARGE ET PLAT
- PETITS MORCEAUX DE FEUILLES D'OR
- TOP COAT TRANSPARENT
- OUTIL À POINTS
- 8 PIERRES DE ROCAILLE TURQUOISE À FOND PLAT
- PINCEAU FIN
- FEUILLE DE PAPIER D'ALUMINIUM
- PETIT PINCEAU À BOUT ROND

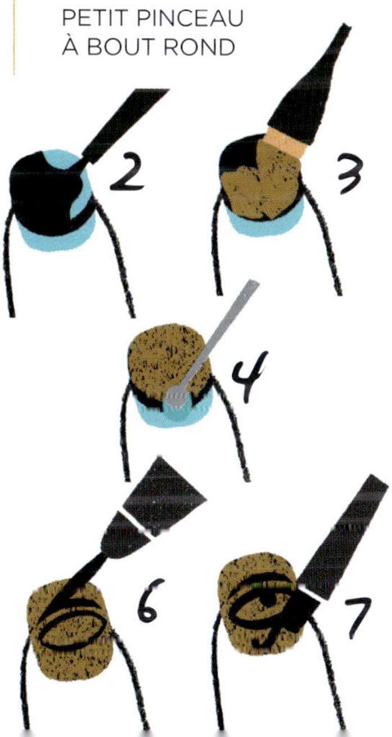

Étape 1 Appliquez une couche de vernis doré sur vos annulaires, puis une couche de turquoise sur tous vos autres ongles (après avoir, bien sûr, appliqué et laissé sécher la sous-couche). Laissez sécher.

Étape 2 Posez la pointe du pinceau du vernis noir sur la cuticule de l'un de vos ongles turquoise. Faites-le glisser vers l'un des côtés de l'ongle puis vers le haut, afin de couvrir la moitié de la surface. Répétez de l'autre côté de l'ongle et sur tous les autres ongles turquoise cette *french manucure* inversée.

Étape 3 Laissez sécher vos ongles. Tamponnez la partie noire avec de la colle. À l'aide du pinceau large, attrapez et posez un morceau de feuille d'or en le brossant doucement. Répétez l'opération sur les autres ongles turquoise et noirs.

Étape 4 À l'aide de l'outil à points, déposez un point de top coat transparent au centre de la zone turquoise et collez une pierre de rocaille. Faites de même sur tous vos ongles turquoise et noirs.

Étape 5 Passez de la colle sur chacun de vos annulaires, en faisant attention de ne pas en mettre sur votre peau, puis appliquez les feuilles d'or sur vos ongles. Laissez sécher puis enlevez les excédents de feuille d'or avec quelques coups de pinceau large.

Étape 6 Dessinez un oeil au centre de l'ongle, puis ajoutez une ligne au-dessus pour figurer le sourcil. Répétez ce motif sur l'autre annulaire.

Étape 7 Peignez une ligne incurvée sous l'œil au petit pinceau à bout rond, puis dessinez un triangle vers le bas, là où la ligne plongeante commence. Remplissez de vernis et faites un point dans l'œil pour figurer l'iris.

Étape 8 Laissez sécher vos ongles. Protégez vos richesses avec un top coat transparent.

EFFLEUREZ

L'art du Vitrail

MATÉRIEL

VERNIS SOUS-COUCHE

VERNIS ROUGE, JAUNE, ORANGE, ROSE, BLEU ET TURQUOISE

GEL VIOLET

FEUILLE DE PAPIER D'ALUMINIUM

VERNIS ULTRA PAILLETÉ

PETIT PINCEAU À BOUT ROND

TOP COAT TRANSPARENT

Étape 1 Appliquez une sous-couche sur tous vos ongles et laissez sécher. Astuce : pour ce modèle, vous allez créer une voûte au-dessus de votre cuticule, sur la lunule, en laissant la forme d'une demi-lune vierge de toute couleurs. Du coup, choisissez un vernis sous-couche très brillant pour plus d'effet.

Étape 2 Placez quelques points de gel au hasard sur l'un de vos ongles. Ce vernis devient translucide en séchant, ce qui est parfait pour un effet vitrail. Utilisez le pinceau du flacon pour faire des points plutôt grands. Pour en faire de plus petits bien réguliers, versez un peu de vernis sur le papier d'aluminium et utilisez votre petit pinceau à bout rond.

Étape 3 Faites des points de toutes les couleurs, en alternant de grandes taches colorées avec des taches plus petites et en vous assurant de laisser un peu d'espace entre chacune, mais pas question de remplir les voûtes laissées à nu sur vos lunules ! Laissez sécher vos ongles.

Étape 4 Versez un peu de vernis pailleté sur le papier d'aluminium. Prenez-en un peu au bout de votre petit pinceau à bout rond et soulignez d'un trait chaque tache de couleur.

Étape 5 Laissez bien sécher, puis passez une couche de top coat sur cette manucure céleste.

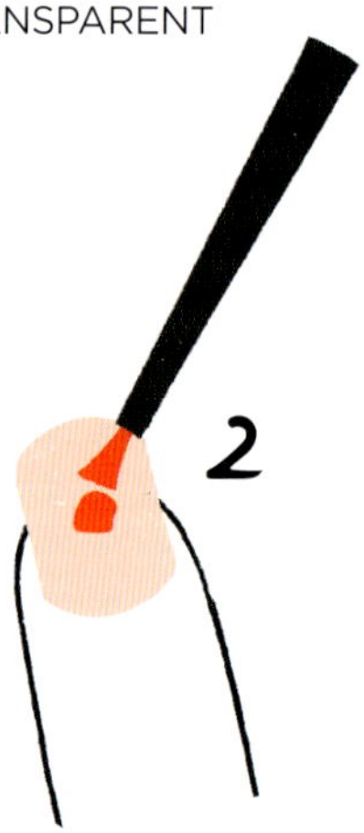

2

3

4

Capturez un rayon de lumière avec une sublime palette de vernis gel et d'or fin étincelant.

Quelques faux ongles, des ciseaux et du ruban adhésif suffisent pour réussir cette mystérieuse manucure de Catwoman.

LIBÉREZ VOTRE PART de *Félinité*

MATÉRIEL

- ENSEMBLE DE FAUX ONGLES EN ACRYLIQUE
- STYLO
- PETITS CISEAUX
- LIME À ONGLES
- VERNIS SOUS-COUCHE
- VERNIS ROSE PÂLE, NOIR ET ARGENT
- RUBAN ADHÉSIF
- FEUILLE DE PAPIER D'ALUMINIUM
- PETIT PINCEAU À BOUT ROND
- TOP COAT TRANSPARENT
- COLLE À ONGLES

Étape 1 Taillez les faux ongles afin qu'ils s'adaptent bien aux vôtres. Marquez les ongles qui porteront une tête de chat (nous avons choisi les annulaires) en traçant au stylo le sommet de vos vrais ongles à l'arrière des faux. Ne faites pas cette manucure sur vos vrais ongles.

Étape 2 Pour réaliser vos ongles en forme de tête de chat, utilisez des petits ciseaux. Pour découper deux oreilles, faites deux entailles de chaque côté du haut de l'ongle ; elles iront jusqu'à la marque que vous avez tracée au stylo.

Étape 3 Pour pouvoir enlever facilement la partie centrale entre les oreilles, coupez en biais à l'intérieur des entailles et découpez ainsi deux petits triangles.

Étape 4 Ensuite, coupez entre les deux triangles évidés pour détacher la partie centrale. Passez une lime à ongles pour adoucir les angles des découpes.

Étape 5 Après avoir appliqué et laissé sécher une sous-couche, peignez les faux ongles en rose pâle et laissez-les sécher. Coupez vingt morceaux de ruban adhésif et positionnez-en deux en forme de V très ouvert (la pointe vers le bas) sur vos deux ongles à tête de chat. Positionnez les autres morceaux en V, mais la pointe vers le haut, sur tous vos autres ongles, comme pour une *french manucure* en V.

Étape 6 Vernissez la partie haute de vos ongles en noir. Laissez sécher avant d'ôter l'adhésif.

Étape 7 Versez du vernis argenté sur votre palette. À l'aide du petit pinceau à bout rond, dessinez un œil au chat en peignant deux triangles légèrement espacés du côté gauche de sa tête. Faites la même chose du côté droit, puis sur l'autre ongle à tête de chat. Laissez sécher.

Étape 8 Passez une couche de top coat pour bien faire briller et collez vos faux ongles avec de la colle. Vous êtes maintenant la plus élégante des Catwomen !

LEVEZ le Petit Doigt

Étape 1 Appliquez votre traditionnelle sous-couche et laissez sécher. Recouvrez ensuite vos ongles d'une couche de vernis blanc ou couleur porcelaine et laissez sécher de nouveau.

Étape 2 Versez un peu de bleu cobalt sur la palette en aluminium, puis commencez à dessiner une fleur en trempant l'outil à points dans le vernis et en faisant un point sur votre premier ongle. Dessinez un cercle de pétales autour de ce premier point. Répétez ce motif autant de fois que vous le désirez et créez de jolies fleurs de tailles variées sur tous vos ongles.

Étape 3 Ajoutez des tiges en reliant les fleurs par des lignes courbes et des arabesques de vernis bleu cobalt.

Étape 4 Plongez le pinceau fin dans le vernis et ajoutez des feuilles le long des tiges en traçant des lignes courtes et fines.

Étape 5 Laissez sécher puis passez une couche de top coat transparent. N'oubliez pas vos muffins, Altesse!

MATÉRIEL

VERNIS SOUS-COUCHE

VERNIS BLANC
ET BLEU COBALT

FEUILLE DE PAPIER
D'ALUMINIUM

OUTIL À POINTS

PETIT PINCEAU
À BOUT ROND

PINCEAU FIN

TOP COAT TRANSPARENT

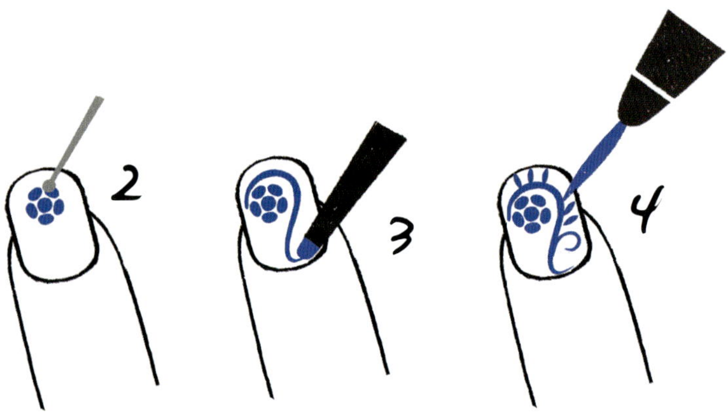

Prenez le thé avec un motif très collet monté, digne de la famille royale.

PLONGEZ VOS ONGLES dans le Caviàr

MATÉRIEL

VERNIS SOUS-COUCHE

VERNIS VERT MENTHE

TOP COAT TRANSPARENT

PETITE ASSIETTE

MICRO-PERLES DE CAVIAR VERT MENTHE

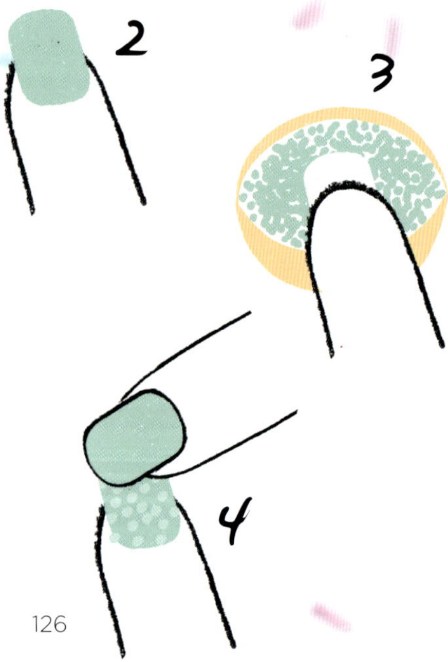

Étape 1 Commencez par le b.a.-ba (appliquez une sous-couche). Une fois qu'elle est sèche, passez une couche de vernis de la couleur de votre choix, nous avons craqué pour un vert menthe très frais. Laissez sécher.

Étape 2 Passez une couche de top coat transparent sur l'ongle que vous voulez décorer de micro-perles. Nous avons opté pour la facilité en n'en décorant que deux, mais vous pouvez rendre ce look encore plus luxueux en en faisant plus ! Préparez-vous pour l'étape suivante quand le top coat est encore collant.

Étape 3 Remplissez une petite assiette de micro-perles de couleur menthe, puis plongez votre doigt dedans, ongle vers le bas.

Étape 4 Retirez votre doigt de l'assiette et servez-vous d'un autre doigt pour presser délicatement les perles sur le top coat.

Étape 5 Appliquez une dernière couche de top coat à séchage rapide sur vos autres ongles. Inutile de courir les soirées: avec ce look, ce sont les soirées qui viendront à vous.

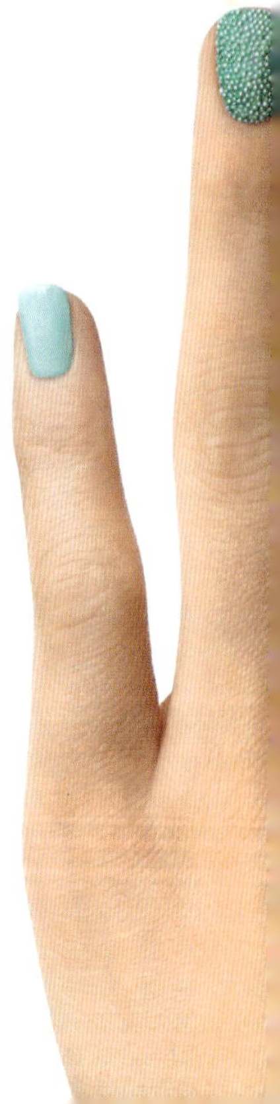

Composez-vous un look de princesse avec des grains de caviar sur un lit couleur du dollar.

COMPOSEZ une Aquarelle de Rêve

MATÉRIEL

VERNIS SOUS-COUCHE
VERNIS BLANC, JAUNE, ROUGE ET BLEU
PINCEAU LARGE ET PLAT
RINCE-DOIGTS
ACÉTONE
TOP COAT

Très Monet ! Cette belle composition recouvre vos ongles d'un flot de couleurs impressionnistes.

Étape 1 Commencez par une manucure classique et bien opaque (nous avons choisi un blanc pur) après avoir appliqué une sous-couche. Laissez bien sécher vos ongles.

Étape 2 Ouvrez les flacons de vernis et utilisez chaque pinceau pour semer des points multicolores sur votre premier ongle. Pas besoin de les réaliser avec précision puisque vous allez les mélanger pour composer un petit chef-d'œuvre.

Étape 3 Alors que vos points sont encore humides, plongez votre pinceau large dans le rince-doigts rempli d'acétone. Passez légèrement le pinceau sur votre ongle pour diffuser, diluer et mélanger les points de couleur.

Étape 4 Répétez l'opération sur les autres ongles, en changeant l'emplacement des points de couleur pour varier les effets.

Étape 5 Après avoir aquarellé vos ongles, laissez-les sécher et protégez vos tableaux avec une couche de top coat transparent.

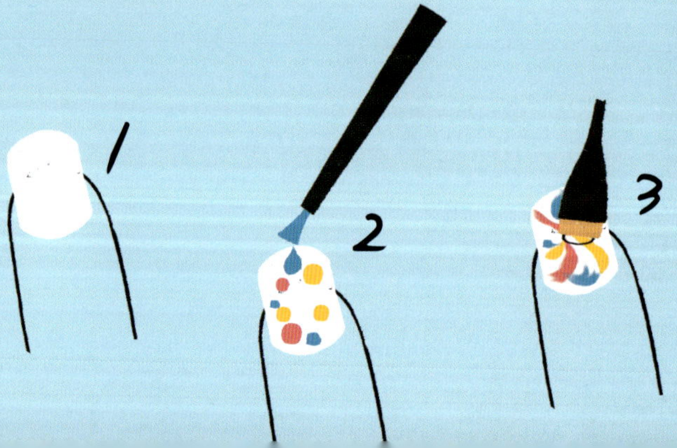

Montrez votre côté le plus tendre avec ces décalcomanies fantaisistes composées de vrais bonbons.

ALLEZ-Y À FOND SUR le Sucre D'orge !

Étape 1 Commencez par envelopper une pierre ponce avec du ruban adhésif en plaçant la partie collante vers l'extérieur. Posez un rang de perles sur la bande adhésive pour qu'elles ne bougent pas quand vous les peindrez.

Étape 2 Peignez vingt-quatre perles en rose, vingt-quatre autres en bleu et dix-huit en jaune. Quand elles sont sèches, décollez-les du ruban adhésif en vérifiant que chaque bord est bien net.

Étape 3 Sur une sous-couche bien sèche, passez une couche de vernis blanc et laissez sécher.

Étape 4 Passez du top coat transparent sur l'ongle d'un de vos majeurs et utilisez l'outil à points (avec une goutte de top coat au bout) pour prendre une perle bleue. Posez-la sur l'ongle en appuyant fortement pour bien la faire adhérer. Répétez l'opération en plaçant les perles en rang, puis faites de même sur votre second majeur.

Étape 5 Répétez sur les ongles de vos auriculaires avec les perles jaunes et sur ceux de vos index avec les roses. Pour vos pouces, mélangez les couleurs en créant des rayures.

MATÉRIEL

RUBAN ADHÉSIF
PIERRE PONCE
66 PERLES À FOND PLAT
VERNIS ROSE, BLEU, JAUNE ET BLANC
VERNIS SOUS-COUCHE
TOP COAT TRANSPARENT
OUTIL À POINTS
BONBONS GRANULÉS MULTICOLORES
PETITE ASSIETTE

Étape 6 Versez des bonbons granulés dans une petite assiette. Passez une couche de top coat sur vos annulaires et plongez-les dans les bonbons, ongles vers le bas.

Étape 7 Pressez doucement les bonbons collés sur vos ongles. Interdit de grignoter !

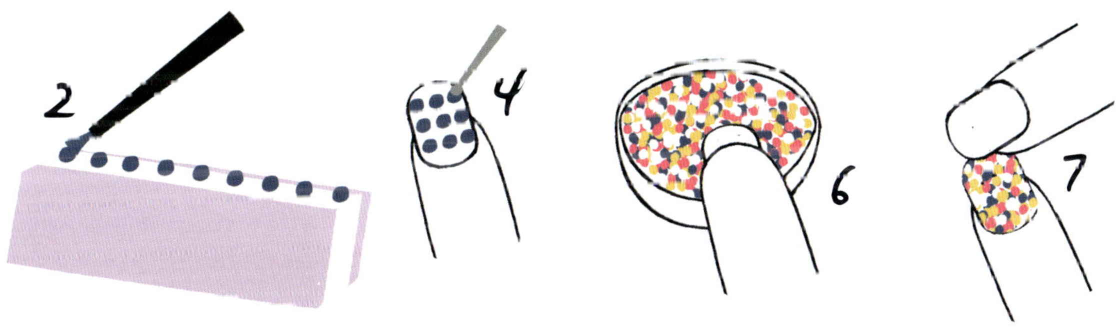

PORTEZ des Turquoises EN TROMPE-L'ŒIL

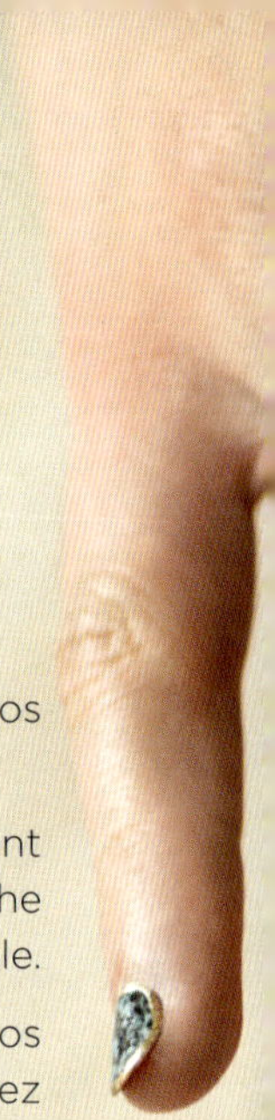

MATÉRIEL

VERNIS SOUS-COUCHE

VERNIS MARRON FONCÉ, TURQUOISE CLAIR, TURQUOISE PLUS FONCÉ ET OR MÉTALLISÉ

PETIT PINCEAU À BOUT ROND

FILM PLASTIQUE

TOP COAT TRANSPARENT

Étape 1 Passez une sous-couche, laissez sécher, puis peignez vos ongles en brun foncé.

Étape 2 Une fois que votre couleur de base est parfaitement sèche, faites une boule avec du film plastique. Déposez une tache de chaque nuance de turquoise sur un côté de cette petite boule.

Étape 3 Tapoter doucement ce côté de la boule sur l'un de vos ongles afin d'y déposer du vernis de façon inégale. Continuez sur tous vos autres ongles en rechargeant la boule de vernis quand nécessaire, jusqu'à ce que vos ongles sont tous tachés de turquoise. Laissez sécher. Astuce : si vous désirez des couleurs plus vibrantes, réitérez l'opération.

Étape 4 Plongez le petit pinceau à bout rond dans le flacon de vernis doré et soulignez d'un trait fin tout les périmètres de vos ongles pour imiter le délicat montage en or d'une bague.

Étape 5 Quand votre vernis doré est bien sec, passez une couche de top coat pour parfaire vos ongles précieux.

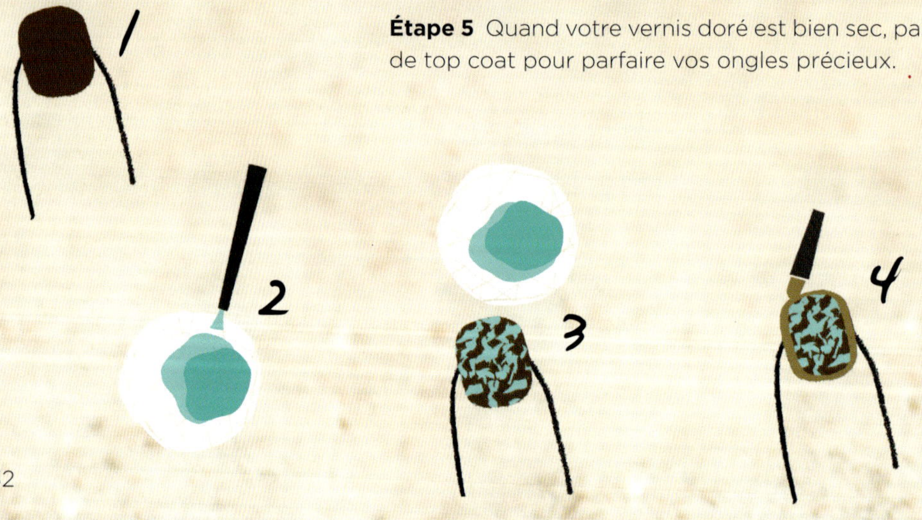

Il vous suffit d'un peu de film plastique pour transformer vos ongles en pierres semi-précieuses.

« TÉLÉPHONEZ MAISON ! » AVEC DES ONGLES d'Extra-Terrestre

Étape 1 Procédez au b.a.-ba, puis recouvrez vos ongles d'une généreuse couche de vert foncé pour obtenir un subtil effet inter galactique. Laissez sécher.

Étape 2 Passez une deuxième couche de vernis vert sur un premier ongle. Avec un peu de vernis vert au bout de l'outil à points, collez une perle sur cet ongle, prenez-en une autre et répétez l'opération jusqu'à ce que vous ayez dessiné un rang vertical de cinq perles.

Étape 3 Passez une couche de vernis vert sur les perles. Laissez-les sécher puis répétez sur tous vos autres ongles.

Étape 4 Une fois vos ongles secs, appliquez une dernière couche de vernis afin d'atténuer la différence entre les perles et la surface de votre ongle. Vous n'avez besoin de rien d'autre, pour une fois, oubliez le top coat !

MATÉRIEL

VERNIS SOUS-COUCHE

VERNIS VERT FONCÉ MAT, LÉGÈREMENT SCINTILLANT

OUTIL À POINTS

50 PERLES À FOND PLAT

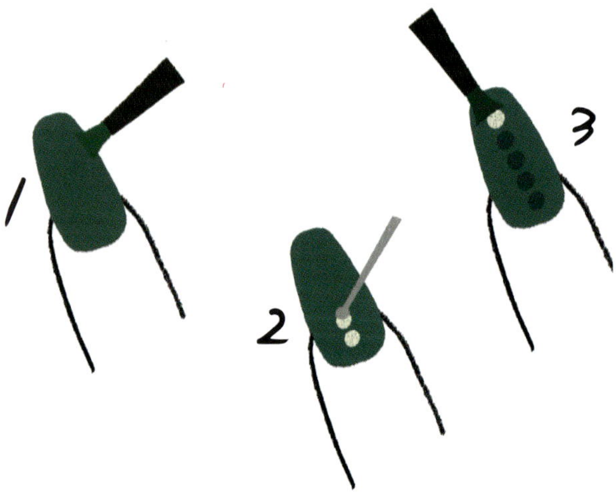

Créez un look futuriste grâce à une texture étonnante et un reflet étrange venu d'ailleurs.

Index

INDEX

S

Première édition :
Copyright © 2013, Weldon Owen
www.weldonowen.com

Tous droits réservés.

Présente édition :
© 2014, Hugo & Cie
38, rue la Condamine
75017 Paris
www.hugoetcie.fr

Directeur de collection : **Pierre Humeau**
Édition : **Cécile Larroque**
Traduction : **Caroline de Hugo**
Photographies : **Nicole Hill Gerulat**
Stylisme : **Mallory Ullman**
Illustrations : **Debbie Powell**

Page 93 : La langue des Rolling Stones et le logo de la lèvre ® Musidor B.V. Imprimés avec autorisation.

Dépôt légal : janvier 2014
ISBN : 9782755614022
Imprimé en Chine

REMERCIEMENTS

Weldon Owen tient à remercier Laura Harger, Marianna Monaco, Katharine Moore, Katie Schlossberg et Marisa Solis pour leur aide éditoriale, ainsi que Céleste Giuffre, Megan Peterson, Jenna Rosenthal et Stéphanie Tang pour leur aide graphique. Merci à Lauren Andersen, assistante photographe, à Meredith Robinson, assistante styliste, à la chef coiffeuse-maquilleuse Amy Lawson ainsi qu'à son assistante Jennifer Pons pour tous leurs looks sublimes.

Enfin nous remercions tout particulièrement nos mannequins et leurs agences : Bria Adams, Exalt Model et Talent, Bridget Fitzgerald, Emelie Griffin, Lauren Inderkum, Gavyn Jones, Rhiannon Jordan, Naseem Khalili, Models Inc., Talent Agency, Amanda Nour, Lucie Parker, Alyssa Phan, Emma Rogers, Katie Schlossberg, Ellie Shaw, Candace Sims et Mary Zhang.

AU SUJET DES AUTEURS

Donne et Ginny Geer ont transformé leur passion pour le *nail art* en véritable art de vivre. Leur onglerie *Hey, Nice Nails*! de Long Beach en Californie est un véritable paradis pour toutes les amatrices de manucure véritablement créative. Leurs innombrables fans trouvent leur bonheur avec les tutoriels que les sœurs postent sur leur blog et les photos qu'elles diffusent quotidiennement sur Instagram. Le travail de ces deux jeunes entrepreneuses, manucuristes diplômées, a été souvent cité dans des publications comme le *Huffington Post, Allure, Marie-Claire, StyleList* et le *Style Blog* de *MTV'*, elles sont régulièrement encensées sur la blogosphère par les autres nail artistes. Leurs créations, qu'elles soient chics, funky, ou carrément délirantes, sont autant de délicieuses sucreries que la génération de jeunes gourmandes déguste sans modération.